JN295580

融資審査と定性分析

新時代の融資審査ノウハウ
「マーケティング分析」を平易に解説

中小企業診断士　（社）日本証券アナリスト協会検定会員
■中島　久 著

銀行研修社

は し が き
〜楽しく読んでいただければ幸いです〜

　金融界は「効率」という言葉が好きで、「効率的な営業」とか「営業活動の効率化」というフレーズをよく見聞きします。基本的に人海戦術を採っている現状をよほど「非効率的」と考えているのか、効率追求の手段としてまず取り上げられるのがコンピュータの利用（システム化）です。この効率化志向の代表的存在が財務分析システムです。

　財務分析のように定量的な分野では、手作業で行う仕事をシステムに代行させれば、処理能力やスピードが向上することは事実です。システム化によって、若い職員の分析能力が低下したという声もありますが、それは別の問題です。ただし、（当然のことですが）システム化によって企業評価や融資判断のレベルまでもが高度化するわけではありません。財務分析に限ったことではありませんが、複雑な分析結果を時間をかけて読み取るより、コンピュータでレーティングをして5点法やABC評価で結論を出せば、意思決定が早くなり効率的であるという考えには賛成できません。こういう考え方を、個人的には「デジタル値信仰」と批判的に呼んでいます。これはスピーディで正確な計算結果のデジタルな評価が、そのまま戦略や意思決定の指針になるという思いこみ（錯覚）のことです（若手の分析能力の低下を嘆くベテランに、この「デジタル値信仰」が意外に強いのも皮肉な事実ですが……）。

　最近は企業の定性評価までもシステム化しようとする動きがあるようですが、企業分析や融資の可否判断はそれほど素朴(ナイーブ)ではないはずです。定量的な部分はともかく、企業の定性評価は、どんなにシステムが進化しても分析担当者固有の課題として残るものだと思います。一般的に企

業分析の定性要因としては、経営環境や経営基盤、経営者の属性などの項目が列挙されます。この企業の定性分析というテーマに、マーケティングのフレームワークを適用しようと考えたのは10年ほど前のことです。特に目新しい発想ではないのですが、金融界ではあまり見かけないアプローチなので、挑戦してみようと思ったのです。分析とは、抽象的な思考を排除して対象を数値化することであるといった考え方に異論を唱えたいという気持ちもありました（最近の若い人には、そういう傾向が強いのです）。その意味で本書のスタンスはアナログ的なものです。

サイキック・インカム（Psychic Income：精神的所得）という言葉があります。「金銭には代えられない仕事に対する誇り、楽しさ、充実感」といった意味です。やや時間をかけすぎた感じはしますが、この10年間はサイキック・インカムが得られました。

本書は、少なくとも著者の心積もりでは「知的なエンタテインメント」を目指して書かれたものです。楽しく読んでいただいて、読者の方が今後、サイキック・インカムを得るきっかけとなれば幸いです。

本書の出版にあたっては、末木三郎氏（横浜信用金庫本牧支店長）にきっかけを与えていただき、BSIエデュケーションの皆様にお世話になりました。厚くお礼を申し上げます。

2002年3月

中島　久

目　次

序　章　融資担当者とマーケティング分析能力

　　この企業をどう判断する？……………………………………12
　　財務分析は過去の分析…………………………………………15
　　マーケティング分析の必要性…………………………………16

第Ⅰ章　企業分析と財務分析

　1　格付システムと中小企業 ……………………………………20
　　　格付システムと中小企業向金融………………………………20
　　　経営者の能力≒企業力だったら？……………………………20
　2　企業分析≠財務分析……………………………………………22
　　　プロセスと結果の分析が企業分析……………………………22
　　　安易な（否定的な）結論を出しがちでは？…………………23
　3　経営アドバイスの是非…………………………………………24
　　　穴があったらふさぎたい………………………………………24
　　　融資担当者に経営アドバイスができるか……………………25
　4　マーケティング分析能力の育成 ……………………………27
　　　企業分析能力を身につけよう…………………………………27
　　　理論と実態の乖離は大きい……………………………………28
　　　「形式知」のレベルを高め「暗黙知」を評価………………30
　5　「計画のグレシャムの法則」…………………………………31
　　　行動よりも考えることが重要！………………………………31
　　　合言葉は「いそがしい？」……………………………………32

6 文章表現力の重要性…………………………………33
     論理的に表現することが基本…………………………33
     だって好きなんだもん♡…………………………………33
     実態の分析と財務分析を融合…………………………35
  7 企業分析の魅力……………………………………36
     頭脳労働としての面白み………………………………36
     まずは枠組みを知る……………………………………37
  8 定性評価のシステム化……………………………39
     定性評価のチェック項目………………………………39
     恣意性の排除が必要だが………………………………40
     企業分析には担当者の「技」が必要…………………41
  9 企業分析＝定量分析＋定性分析 ………………42
     質的分析と環境分析……………………………………43
 10 環境分析 …………………………………………44
     トップダウン・アプローチとボトムアップ・アプローチ………44
     マクロ・セミマクロ的視点の必要性……………………45

第Ⅱ章　財務分析のスタンス－キャッシュフロー分析－

  1 企業の安全性分析…………………………………48
  2 あなたは「灰原君」になるか ……………………49
     流動比率は Banker's Ratio …………………………49
     日本企業の流動比率……………………………………49
  3 若手行員は収益性を重視（？）…………………52
     収益性が重視される理由………………………………52
     「収益・収入・利益」と「費用・支出・損失」の違い ………53

Contents

4　比率分析と実額分析 …………………………………………54
　　中小企業相手の収益性分析はむなしい!? ………………54
　　キャッシュフロー分析が主流に ……………………………55
5　企業環境の変化 ………………………………………………56
　　新会計基準の導入 ……………………………………………56
　　担保至上主義の限界―バブル経済期の反省― …………56
6　キャッシュフロー…古くて新しい指標 ……………………58
　　経常収支とキャッシュフロー ………………………………58
　　損益計算との違い ……………………………………………59
　　「勘定合って銭足らず」の状態とは？ ……………………60
　　資金移動表とキャッシュフロー計算書 ……………………61
7　キャッシュフローと粉飾決算 ………………………………64
8　各種のキャッシュフロー ……………………………………66
　　オペレーティング・キャッシュフロー（OCF）…………69
　　フリー・キャッシュフロー（FCF）………………………70
　　ネット・キャッシュフロー（NCF）………………………70
　　営業キャッシュフロー ………………………………………71
　　投資キャッシュフロー ………………………………………73
　　財務キャッシュフロー ………………………………………74
　　フリー・キャッシュフローの使途 …………………………75
9　フリー・キャッシュフローで見る企業の実態 ……………76
　　フリー・キャッシュフローが赤字の意味 …………………76
　　投資期と回収期 ………………………………………………79
10　キャッシュフローを利用した安全性の分析指標 …………81
　　営業キャッシュフロー対流動負債比率 ……………………81
　　キャッシュフローによるインタレスト・カバレッジ・レシオ…82

　　　　キャッシュフロー比率（長期有利子負債比率）……………82
　　　　設備投資比率……………………………………………………83
　　　　投資比率…………………………………………………………83
　11　キャッシュフローと融資審査 ………………………………84
　　　〈補論1〉平均値に対する幻想
　　　　　　　―平均年齢20歳の女性に会いたい―………………84
　　　〈補論2〉比較分析の留意点 …………………………………88

第Ⅲ章　マーケティングの基礎知識

　1　What is Marketing?……………………………………………92
　　　　マーケティングに対するイメージ…………………………92
　　　　マーケティングとマーケッティング…………………………93
　　　　マーケティングの歴史………………………………………94
　2　マーケティングの定義 ―売れる仕組みづくり― ……………96
　3　ピーター・F・ドラッカーの慧眼……………………………98
　　　　マーケティングとセリング……………………………………98
　　　　「見る前に跳ぶ」―行動性重視の組織体質―………………99
　4　マーケティング・パラダイムの変遷…………………………100
　　　　旧定義：「刺激―反応パラダイム」
　　　　　　　　―ビートルズはなぜ売れたか―………………101
　　　　「交換パラダイム」―分衆市場―……………………………103
　　　　市場における競争者のタイプ………………………………106
　5　感性マーケティングの時代……………………………………109
　　　　書を捨てよ、町へ出よう……………………………………109
　　　　「疑似大衆市場」………………………………………………110

6　CSの時代 ……………………………………………………111
　　リレーションシップ・マーケティング ……………………111
　　関係性重視の背景 ……………………………………………112

第Ⅳ章　マーケティング分析と財務分析

1　企業か家業か ……………………………………………………116
　　家業は財務比率を無視!? ……………………………………116
　　株主に対する意識があるか否か ……………………………116
2　企業業績の推移－売上高成長率の読み方－ …………………117
　　業績の推移は5期分を見て把握 ……………………………117
　　成長率をどう見るか …………………………………………118
　　〈事例・商店街のイベントの大成功例「ナイトバザール」〉……120
3　マイケル・E・ポーターの競争戦略 …………………………123
　　コスト・リーダーシップ戦略 ………………………………123
　　差別化戦略 ……………………………………………………124
　　集中戦略 ………………………………………………………125
4　ポーターの基本戦略とROA ……………………………………126
　　コスト・リーダーシップ戦略とROA ………………………126
　　差別化戦略とROA ……………………………………………128
5　事例・吉野家のローコスト・オペレーション ………………129
6　ポートフォリオ分析（Portfolio Analysis）……………………131
　　PPM（Product Portfolio Management）……………………131
　　PPMの作り方 …………………………………………………134
7　製品のライフサイクル …………………………………………137
　　典型的パターン ………………………………………………137

　　　　ファッション・スタイル・ファッド（Fad） ……………………139
　　　　製品ライフサイクル（PLC）の問題点 ……………………143
　8　製品ライフサイクルと景気循環 ……………………………………144
　　　　トレンドとサイクル ………………………………………144
　　　　トレンドとPPM ……………………………………………144
　　　　利益・キャッシュフローと減価償却費 ……………………146
　9　マーケティング・ミックス：4P ……………………………………148
　　　　製商品：Product ……………………………………………149
　　　　価格：Price …………………………………………………158
　　　　流通：Place …………………………………………………164
　　　　プロモーション：Promotion ………………………………173
　10　定量的マーケティング分析の基本── ……………………………182

第Ⅴ章　マーケティング戦略の考え方

　1　中央線小淵沢駅の名物駅弁「元気甲斐」 ……………………………184
　2　戦略的マーケティングの枠組み ………………………………………185
　　　　市場環境と戦略 ……………………………………………185
　　　　組織構造と戦略 ……………………………………………187
　3　戦略とは何か ……………………………………………………………188
　　　　戦略は企業ごとのオーダーメイド ………………………188
　　　　事例を数多く読む …………………………………………189
　4　戦略と戦術 ………………………………………………………………191
　　　　"What to do" と "How to do" ………………………………191
　　　　論理的思考が必要 …………………………………………192
　　　　マーケティング分析によりリスクを軽減 ………………194

Contents

- 5 マネジメント・サイクルに対する誤解 …………………… 195
  - 計画の立案前に調査、戦略策定が必要 …………… 195
- 6 戦略と計画 ……………………………………………… 197
  - 戦略に整合性はあるか ……………………………… 197
  - 目標数値だけの計画ではダメ ……………………… 198
- 7 日本的経営と戦略的思考 ……………………………… 199
  - 日本的経営の特質 …………………………………… 199
  - 戦略的思考の必要性 ………………………………… 202
- 8 思考のフレームワーク ………………………………… 205
- 9 戦略と組織 ……………………………………………… 207
  - 戦略と組織実行力 …………………………………… 207
  - 戦略と意思決定 ……………………………………… 208
- 10 「お客様第一」のどこが悪いか ………………………… 210
  - 戦略と数値計画の混同 ……………………………… 210
  - 経営理念のビッグ2 ………………………………… 211
  - 理念に戦略が伴っているか ………………………… 212
- 11 差別化と価格競争 ……………………………………… 213
  - 差別化は誤解されている …………………………… 213
  - リーダーが同質化できない点で差別化を図る …… 216
  - 真の差別化は目に見えない:ビジネス・システムの差別化 … 217
- 12 事例・中小食品スーパーマーケットの戦略 ………… 220
  - 戦略の整合性と重点性 ……………………………… 220
  - 基本戦略と個別戦略 ………………………………… 221
- 13 書を持って町へ出よう ………………………………… 227
  - サーベイとフィールドワーク ……………………… 227
  - 融資担当者はフィールドワーカー―書を持って町へ出よう― 228

14　おわりに ………………………………………………………230

序章 融資担当者とマーケティング分析能力

この企業をどう判断する？

まず、図表序—1を見てください。設立以来3期を経た某社の主要な経営指標の推移を示したものです。

図表序—1　　　　　　　　　　　　　　　　　　　　　　（単位：千円）

	第1期	第2期	第3期
売　　上　　高	91,974	375,570	1,082,735
経　常　利　益	−15,595	323	95,068
当　期　純　利　益	−15,821	−2,666	56,750
純　資　産　額	51,178	200,512	1,643,132
総　資　産　額	190,796	410,515	2,056,812
売上高経常利益率（％）	−16.96	0.09	8.78
売上高当期純利益率（％）	−17.20	−0.71	5.24
ROA（％）（純資産経常利益率）	−8.29	−0.65	2.76
営業活動によるキャッシュフロー	—	57,270	152,984
投資活動によるキャッシュフロー	—	−181,522	−493,660
財務活動によるキャッシュフロー	—	159,988	1,378,516
従　業　員　数（他、平均臨時雇用者数）	4 (33)	16 (119)	29 (151)

　第2期末の時点において、**この企業から融資の申込を受けたら、皆さんはどう判断する**でしょうか。第2期は売上高こそ第1期に比べて大きく伸びていますが、経常損益はなんとか黒字という状態で、当期純損益は赤字です。投資活動によるキャッシュフローは営業活動によるキャッシュフローを大きく上回っており、投資資金の大半は財務活動によるキャッシュフローに頼っています。

業種や資金使途を明かさずに論を進めることがフェアでないことは承知しています。しかし、この図表の数値だけを見て判断するとしたら、この資金需要が旺盛な企業に対して**否定的な印象を持つ金融マンが多いのではないか**と思います。実際、大半の金融機関が同社に対する融資を断ったのです。

　この企業は、2001年7月にナスダック・ジャパンに株式を上場した**タリーズコーヒージャパン**（以下、タリーズと略）です。図表序—1の数値は同社の新株発行ならびに株式売出届出目論見書から加工したもので、第3期は上場直前の2001年3月期に当たります。日本経済新聞2001年9月15日の記事『病める金融』によると、同社の幹部が出店資金の調達に銀行を回ったところ、「**多くの銀行が貸し出しを渋った**」ということです。ところが、その後、同社が上場準備に入るころになると、かつて融資を渋った「**都銀などが相次いで融資を持ちかけてきた**」そうです。元銀行員である同社の経営企画室長は「銀行は過去の業績しか見ず、ブランドのような、**"見えない事業価値"を評価する仕組みがない**」と記事のなかで述べています。

　「ユニクロ」（企業名：ファーストリテイリング）が広島証券取引所に株式上場するまでを描いた『「ユニクロ」！監査役実録』のなかにも、「貸付＝担保主義」とするメインバンク（大手地銀）の支店長と、「経営計画や儲けの仕組みをちゃんと理解してくれれば、ほとんどリスクがないことがわかるはず。**担保なんて二の次**」という同社の柳井正社長とが対立する姿が記録されています。

　タリーズと「ユニクロ」のエピソードは、両社のその後の成長振りを見るとき、**金融マンには耳が痛い**話です。ナスダック・ジャパンなどの新興株式市場では株式上場基準がかなり緩和されています。例えば、

図表序—2　主な新興株式市場の株式上場基準（形式的な要件）

市場 〔創設または売買開始年月〕	東証マザーズ 〔1999.12〕	ナスダックジャパン （グロース基準） 〔2000.6〕	ジャスダック(店頭)市場 （第2号基準） 〔1998.12〕
利益の額	なし	税引前利益7,500万円または純資産4億円または時価総額50億円	なし
純資産(自己資本)の額	なし		なし
株式時価総額(備考2)	5億円以上		5億円以上
設立経過年数等	なし	1年または時価総額50億円	10年以下または事業の企業化に要する費用の売上高に対する比率が3%以上
株主数	公募売り出しで新たに300人以上増加	300人	300人以上など(備考3)

(備考) 1. 上記のほかに、ナスダック・ジャパンではスタンダード基準（3種類）、ジャスダック（店頭）市場では第一号基準などがあり、上記の基準より総じて厳しいものとなっている
　　　2. 株式時価総額は、原則として発行済株式数に上場時の株価を乗じて算出
　　　3. 上場日における発行済株式数が1,000万株未満は300人以上、1,000万株以上2,000万株未満は400人以上、2,000万株以上は500人以上
出所：信金中金レポート（2001.11）

　図表序—2に示したように、東証マザーズとジャスダック（店頭）市場では「利益の額」が株式上場の形式的要件となっていません。金融機関が財務分析の結果だけを見て融資判断を行っていると、赤字のために融資不適格先としていた企業が、**ある日突然（？）、上場企業として直接金融の道を開く**こともありうるということです。株式上場は多くの中小企業にとって、既に高すぎるハードルではなくなっているのです。

　融資担当者は概して企業の業歴の長さを重視する傾向があると思いま

す。「業歴が長く……」という表現は、企業に対するコメントのなかで好材料としてよく使用されます。確かに業歴が長い企業は、さまざまな経営資源が企業内に蓄積されていますし、対外的な信用力も一般に高くなっています（長年の負の遺産が組織内に蓄積されている可能性もありますが）。しかし、タリーズのように、設立3期目で株式公開するような企業を対象とするとき、「業歴の長さ＝安定性の高さ」と見る金融機関のスタンスの有効性は通用しません（極論ですが、業歴の長さだけを重視して融資審査を行っていると、金融機関のポートフォリオは高齢化社会の日本の縮図のようになってしまいます）。

財務分析は過去の分析

　よく言われることですが、財務分析はあくまでも過去の分析です。そう否定的に言いながら、財務分析のその限界をどう補うかという考えがまったくない人がいます。一方、過去の一時点の情報（財務諸表）を分析していながら、それを企業の現在進行形の姿ととらえる人がよくいます（数日前に捕捉した敵の位置を前提に、明日からの作戦計画を立案する参謀のようなものです）。財務分析が過去の分析であることと、その限界を充分に承知している人ももちろんたくさんいますが、それに代わるもの、**企業の将来性や本来の企業力を評価する技術や能力を有する人は少数派**です。その技術や能力の有無は別にしても、多くの人は「業歴の長さ」や保全、あるいはタリーズのように上場を認可されたという**第三者のお墨付き**がなければ、未取引の企業に対しては積極的なアプローチが取りにくいのが実状だと思います。

　最近の金融界はリスク管理体制の構築（充実）に熱心に取り組んでおり、信用リスク管理については倒産確率を算出する格付システムの構築

に全力を上げています。その意義は十分認められますが、たとえば、漁港（本部）において、水揚げした魚を種類や重量などで仕分けするシステム（格付システム）を懸命になって作っているわけで、漁船（営業店あるいは融資担当者）に対して魚の釣り方（選び方）はあまり指導していません。現場において倒産確率を算出するだけでも進歩と言えるかもしれませんが、財務分析中心という融資審査のパラダイムは変わっていません。そのため、**漁船は相変わらず旧態依然とした漁法を続けている**という状態です。

　財務分析あるいは格付システムだけで融資審査が完結するならば、企業の経営者に対するヒアリングなど実態調査は必要ないはずですが、そこまでドラスティックに考えて実行している金融機関はないでしょう。同時に、人材教育の重要性を否定する金融機関も存在しないでしょうが、**業歴の長さや担保など保全に頼らずに企業力を的確に評価できる**ような教育を行っている金融機関も少数派だと思います。

マーケティング分析の必要性

　「ユニクロ」の柳井社長は前掲の記事で「経営計画や儲けの仕組みをちゃんと理解してくれれば……」と言っています。個人的にはこの「経営計画や儲けの仕組み」などのことをビジネス・システムと呼んでいますが、ビジネス・システムとそこで展開する企業活動のさまざまなプロセスを分析するのがマーケティング分析です。金融機関の融資は、その調達構造の質や近年の経営環境からして、**リスクを取りにくいことは事実**です。柳井社長の言葉などは、その後の同社の大発展を知らなければ、融資担当者としてはやはり首肯しにくいところが多いと思いますが、将来の優良企業を見極める能力の必要性、この

点を否定する人はまずいないでしょう。
　では、「そうした能力とはどのようなものなのか」という問いに対する答えのひとつが、本書で述べるマーケティング分析です。
　タリーズのエピソードも結果論だとする人が多いかもしれませんが、マーケティング分析においては少なくとも業歴の長さが重視されることはないのです。

第 I 章

企業分析と
財務分析

1 格付システムと中小企業

格付システムと中小企業向金融

　財務格付システムの導入が金融界で活発になり始めた頃、中小企業が取引先に多い地域金融機関や中小企業専門金融機関から、こんな声が上がりました。

　「中小企業は財務（内容）だけでは判断できない。財務分析結果だけで中小企業を評価して分類したら、**中小企業相手の金融は成り立たなくなってしまう**」

　この意見は至極まっとうなものだと思いますが、中小企業の評価における財務以外の要因や留意点としてあげられたのは主に以下のようなものでした。

---

① 経営者（多くの場合オーナー）の能力
② 経営者および家族の資産背景
③ ②と関連しますが、経営者（家族）からの長期借入金は自己資本に準じたものとして扱うなど、中小企業の特性を格付評価に盛り込む必要がある。

経営者の能力≒企業力だったら？

　②と③は確かに通常は財務分析システムには反映されません。ただ、

この点は格付システムの設計にもよりますが、個々の企業のデータを入力する際に修正すればよく、システムの運用上の課題として考えるべきだと思います。役員報酬が一般に高すぎるため、企業の収益性を圧迫しているという問題も同様です。

　問題は①です。中小企業の場合、経営者＝企業とも言える状態が多いので、①の指摘は当然のものです。しかし、経営者の能力≒企業力とすれば、これは中小企業固有の問題ではなく、むしろ財務分析（システム）によって企業をどこまで評価できるか、**企業の評価とはどのように行うべきか**という問題に置き換わるものだと思います。この点が本書のテーマになっています。

　また、②についても、経営者とその家族が資産形成することができた背景に、**潤沢なキャッシュフローを生み出す良質な企業力**があったと考えれば、これも本書のテーマと一致するところです。ただし、マーケティングと財務分析の接点について述べた第Ⅳ章においては、経営者が自己の資産形成にのみ熱心な「家業（生業）的な企業」ではなく、文字どおりの意味での「企業」を主な対象として記述します。家業的な感覚の経営者は財務比率を軽視することがあるので、定量的なマーケティング分析の対象とはなりにくいのです。この家業的な企業については、第Ⅴ章において、その戦略性を評価するという視点から論じます。

　本書は金融機関の融資担当者（融資渉外担当者や一般に営業担当者と呼ばれる人も含む）を対象として記述しています。一般企業において企業分析を行う必要がある人にも参考になると思いますが、以下の記述においては、原則として融資担当者という言葉を「企業分析の担当者」という意味で使用します。

2 企業分析 ≠ 財務分析

――――――――――――― プロセスと結果の分析が企業分析

　融資担当者は、企業分析というとまず財務分析（財務諸表分析）を思い浮かべると思います。確かに財務諸表には企業の実態を探るためのさまざまな情報が、数多く盛り込まれています。金融機関（融資担当者）にとって最大の情報源と言っても過言ではないでしょう。

　ただし、**企業分析は財務分析と同義ではありません**。財務諸表の分析に加えて、企業の戦略や組織を総合的に分析して評価するのが企業分析です。

　ラフに表現すれば、**企業活動はマーケティングと財務**という2つの概念でほぼ説明できます。マーケティングとは経営のシステム（仕組み）で、**財務はマーケティングの結果**を定量的に表すものです。財務分析を「結果の分析」とすれば、マーケティングを分析（評価）するということは、経営の仕組みから結果に至る「プロセスを分析」することです。定量分析の代表である財務分析に対して、企業活動の定性的な分析を本書では**マーケティング分析**と呼びます。**定量分析と定性分析の両者を統合**したものが本書における企業分析です。

　金融機関においては財務分析が企業分析の中心ですが、「結果の分析」である財務分析に偏重すると、**企業の粗探し**に終始してしまうことが多くなります。財務分析の結果からプロセスを推定する、あるいは経営の仕組みとプロセス（マーケティング）を分析して財務分析結果と併せ

て評価するというスタンスが企業分析には要求されます。

安易な（否定的な）結論を出しがちでは？

　一般的な財務分析のカテゴリーである「安全性・収益性・成長性・生産性」の観点から分析すれば、**上場企業でも必ず欠点（弱み）は見つかります**。まして中小企業を対象にした場合、**安心して融資できる企業を見出すことは至難の技**になるでしょう。

　欠点を見つけて否定的な結論を出すのは簡単です。「安全性に不安がある」「収益性が低い」「成長性に難がある」「生産性に劣る」などとして融資案件を否定するのは、ある意味では**担当者**にとってラクなことです。人は自然と安易な方向へ流されるものです。近年のように融資マインドが冷え切っている時代では、こうした傾向がさらに助長されていると思います。

　余談ですが、基本的に減点主義の人事制度下にいる金融機関の職員は、概して否定的なスタンスで企業を見るような気がします。否定は分析者の心理における慣性ではないかと思うほどです。あるいは、かつて日本経済全体が資金不足で、資金の出し手である金融機関が企業に対して優位に立っていた時代のなごりが、いまだに組織風土にあるせいかもしれません。

　融資担当者に要求される能力は、十分な財務分析能力とともに企業のマーケティング力を適切に評価できる分析力です。

　融資担当者がマーケティング分析能力を有することは、**良質な取引先の発掘**においてプラスになることはもちろんですが、企業に対する**アドバイス能力を高める**ことにもつながります。

3 経営アドバイスの是非

　企業に対するアドバイス能力に言及しましたが、融資担当者が企業に対して経営アドバイスを行うには注意が必要です。

――――――――――――――――――― 穴があったらふさぎたい

　比較分析とは各種の比率を算出して経営指標（平均値）と対比する分析方法です。財務分析や企業分析というと、対象企業の財務データを業界平均値と比較することだと思っている人がいます。そして、「当社は売上高営業利益率が業界平均より５％低い。この原因は人件費など固定費の負担が大きいからである」などとコメントを書きます。このコメントの後に「したがって、固定費（人件費）の削減が必要である」と続くのが、研修などでは一種のパターンになっているきらいがあります。

　このコメントの**欠点**は、「固定費の負担が大きい」→「固定費の削減が必要」というように、**問題点の裏返しが解決案**になっていることです。こういう発想を「パッチワーク発想」と言います。パッチワーク発想のばかばかしさは誰でもわかると思いますが、金融界では意外にこのパッチワーク発想が強いような気がします。出版社の方に聞くと、通信添削課題や検定試験の解答はパッチワークだらけだそうです。もっとも、経営コンサルタントの世界にも、あるコンサルタントがクライアントに対して「御社は売上高が業界平均よりも低いから、売上高を上げるべきです」と提案したという笑い話があります。パッチワーク発想は金

融界に限った現象ではないのかもしれません。

「固定費の負担が大きい」→「固定費の削減が必要」といったコメントが、金融機関の内部でどの程度評価されているのかはよくわかりません。おそらく、あまり重要視はされていないと思います。コメントが「パッチワーク発想」に基づいているからではなく、**実務的有効性が低い**からです。コンサルティング・セールスと称して、このような「改善案」を経営者に提案しても、おそらく一顧だにされないでしょう。社員を叱咤激励して必死に営業している経営者が、こんな「改善提案」をいきなり受けたらムッとするのではないかと思います。

業界平均との比較は担当者にとってはある意味で**ラクな手法**ですが、「パッチワーク発想」に陥りやすく、**安易に企業を評価しがちになることが欠点**です。ただ、これは分析手法の欠点というより、分析者の技術あるいは思考法の問題です（パッチワーク発想と比較分析については、第Ⅱ章末の〈補論1〉、〈補論2〉で取り上げていますので参照してください）。

融資担当者に経営アドバイスができるか

企業に対するアドバイスは、机上で考えるほど容易ではありません。個人的な経験では、経営相談部門に所属していた時は、経営者も「相談をする気で」対応してくれますからアドバイスもスムースにいきました。しかし、営業店勤務の時代は経営者からよほど信頼を得ていないと、やはりうまくいきませんでした。

経営アドバイスが難しいのは経営者の信頼を得ることが容易でないのに加えて、**経営アドバイス自体が多くの場合、リスクを伴うから**です。小売店のレイアウト変更ひとつでも、変更後の業績が悪化すれ

ばアドバイスした担当者（金融機関）の責任問題になりかねません。FPの税務アドバイスのように、例えば税法のある特例がその顧客に適用できるか否かというような明確なものと違って、経営アドバイスにおいては「こう改善すれば絶対にうまくいく」という**保証**ができないのです。リスクが少ないアドバイスは、「売場の照度が落ちていますから蛍光灯を換えましょう」といったレベルですが、これでは経営者もあまり喜んでくれません。やはりリスクとリターンは比例するのです。

　マーケティング活動が結果（財務）に反映する過程にはさまざまな変動要因があります。経営アドバイスの難しさは企業活動のプロセスの複雑性に由来しますが、「パッチワーク発想」は財務面からしか企業を見ていないという意味で、あまりにも素朴(ナイーブ)なのです。そのレベルで行う経営アドバイスはかなりリスキーなものになるという覚悟が必要ですが、実力をつけて、**経営者の信頼を得たうえで行う適切な助言**などはやはり**営業推進上有効**だと思います。営業店勤務の時代の話ですが、ある小売業のお客様が新店舗を出店する時、商圏設定について（控えめに）意見を述べたところ、それが経営者の漠然としたイメージを裏付けていたため、それ以後、経営者の対応が非常によくなったことがあります。

　経営アドバイス（≒マネジメント・コンサルティング）は、税務のコンサルティングなどよりも抽象性が高くなります。そのため、分析者のセンスに拠る部分が多くなってきますが、それだけに**面白みがある**とも言えます。

4 マーケティング分析能力の育成

―――― 企業分析能力を身につけよう

　金融界は人材教育に熱心な業界ですが、その教育プログラムは財務・法務・税務などの専門知識教育のほかは、応酬話法などセールスの技術論が中心です。国内外のビジネススクールへの派遣など特別なケースを除いて、経営学やマーケティングのプログラムはあまり見当たらず、**企業分析能力を育成するという発想が希薄**です。

　したがって、マーケティング分析の視点で企業を見る眼を養うためには、自己啓発に頼る部分が多くなります。多忙な融資担当者には難しいことかもしれませんが、他人にはない能力を身につけるためには、**それなりの努力が必要**です。マーケティング戦略の用語を使えば、そうした努力を通じて他者（社）との「差別化」が可能になるのです。

　本書では、企業の戦略や組織実行力などの組織力を表現する言葉として、マーケティングという用語をマネジメントとほぼ互換的に使用します。マーケティングは「販売活動」と狭義に解釈されることもありますが、現代のマーケティングは**「戦略的マーケティング」**と呼ばれ、経営活動とほぼ同義に考えられているからです。

　マーケティングの定義については第Ⅲ章で詳述しますが、ここでマーケティングの概念を簡単に整理しておきます。マーケティングは、**戦略的マーケティング**と、その下位概念としての**マーケティング・**

マネジメントに分けるとスムースに整理できます。
①**戦略的マーケティング**（Strategic Marketing）
　企業の経営機能全体を市場環境に適応させる方向付けを行う役割を担うもので、経営戦略と表裏一体化しているマーケティングです。
②**マーケティング・マネジメント**
　経営戦略（戦略的マーケティング）の下位概念で、個々の製品レベルでの対市場活動を展開するための基本的枠組みを提供する伝統的なマーケティング・パラダイムです。主に営業部門を中核として展開します。
　戦略的マーケティングは**戦略**レベルの概念で、マーケティング・マネジメントは**戦術**レベルの概念です。

―――――――――――――――――― *理論と実態の乖離は大きい*

　どんな分野についても言えることでしょうが、大切なのは基礎的な理論です。マーケティングについてもまず**基本的な**テキスト**で理論的な基礎を固める必要**があります。多忙な融資担当者にとって、仕事の合間を縫って理論的な勉強をするのは苦痛かもしれませんが、マーケティングは常に実務的な有効性が問われる学問です。そのため、日々接している取引先企業の**実態にその理論を当てはめて評価してみる**という実践的な勉強方法が有効です。
　当初は理論と現場の実態の落差にとまどうことが多いと思います。経営戦略やマーケティングなどを理論的に論じた書籍は選択に迷うほどたくさんありますが、個別の業界・業種について戦略レベルから営業などのオペレーション（業務）までを統合的に論じているものはあまりありません。オペレーションなど現場の実態に近づくにつれて、業界・業種・企業ごとの個別性が強くなるからだと思います。この**理論と実態のギ**

ャップには**相当悩まされる**と思います。演繹的なアプローチを実態が裏切ることは多々あります。実例を収集するという帰納法的アプローチで企業活動を理論化している研究も多数あるのですが、帰納法的アプローチはある程度の経験量を必要とするため、個人差が大きくなります。そのため、経験量が少ないうちに理論と実態のギャップに悩まされ、**否定的な企業評価しかできなくなってしまう**人もいます。

また、理論が未消化だと、企業行動を読み違えて**「理路整然と間違ってしまう」**こともありますし、結論に賛成だと途中の論理展開まで正しいと思ってしまうというバイアスがかかる可能性もあります。したがって、自分の分析結果についてはもちろんですが、経営者の発言を聞いたり、他人の企業評価（分析コメント）を読む場合も注意が必要です。

経営アドバイスにも関連することですが、勉強をはじめた当初によく犯すミスがあります。業界のトップ企業、小売業で言えばイトーヨーカ堂やセブン―イレブンを例に出して、中小企業の経営者に講釈してしまうことです。融資担当者が新聞・雑誌、セミナーなどで仕入れた程度のことは、**たいていの経営者は承知**していますから、あまり感心してくれません。むしろ反発を買うことがあります。表層的な知識をひけらかすことも一因ですが、中小企業の経営者にとってセブン―イレブンなどを引き合いに出されても、トランプゲームでジョーカーというオールマイティのカードを出されるようなものでリアリティがないのです。アマチュア・バンドのメンバーに向かって、「ビートルズはこうやった。ローリング・ストーンズのようにやりなさい」と忠告するのと同じです。

当初はかなり試行錯誤を強いられますが、経験的に述べると、理論の蓄積が一定量（臨界点）に達すると、これまで見えなかったものが突然

見えるようになるものです。**理論と実態のギャップを改めて客観化**することができるようになるのです。理論を通じて企業の実態を**的確に評価**することが、企業分析者の必須用件となります。

「形式知」のレベルを高め「暗黙知」を評価

ヒアリングをしても、経営者が経営戦略用語やマーケティング用語を使って自社の経営を語ることはほとんどありません。大半の経営者は、自分（自社）が「何をするか」「どうやるか」というオペレーションを具体的に語るだけです。経営者は戦略論やマーケティング理論から経営を考えず、自らの**「経験と勘」**、つまり**「暗黙知」**で行動します。これに対して書籍を中心に理論を身に付けた融資担当者は、「形式知」でオペレーションを評価します。融資担当者の「形式知」が一定のレベルにまで達していれば、経営者の「暗黙知」が単なる思いつきや蛮勇なのか、戦略的整合性を具備しているのかが評価できるわけです。

「差別化」や「同質化」などの「形式知」の用語を使用しなくても、有能な経営者（企業）の言動は**事業経験に裏付けられた理論的な整合性**を有しているものです。こうした「信頼できる経験則」を持った経営者・企業を見分けられるようになれば、**営業活動の幅も広がっ**てくるはずです。

5 「計画のグレシャムの法則」

行動よりも考えることが重要！

　沼上幹氏の『わかりやすいマーケティング戦略』(有斐閣) の冒頭に、経営学者であるハーバート・サイモンの「計画のグレシャムの法則」が紹介されています。これは「悪貨は良貨を駆逐する」という有名な「グレシャムの法則」にならったもので、「**ルーチンな仕事はノン・ルーチン（創造的）な仕事を駆逐する**」という人間の性向を指したものだそうです。「期日の迫った単純な仕事が目の前に山のように積まれていると、人間は長期的に考えなければならない重要な計画など考えなくなってしまうということ」です。

　先に、「多忙な融資担当者」には自己啓発でマーケティング分析能力を身につけるのは難しいかもしれない、と書きました。日本企業全体について言えることですが、もともと金融界は**行動性重視の組織体質が強い**ところです。一方、マーケティングは思考（頭脳）中心の分野です。先の「多忙な融資担当者には……」という文章は、このミスマッチな状況において、マーケティングの勉強を続けることの難しさを指摘したものです。

　雑事に追いまくられている状況では、「考える仕事」よりも「こなす仕事」（行動すること）が優先されがちです。しかし、本来はこうした状況においてこそ、考えることの重要性が高まるのです。

　このような発想が、マーケティングを学ぶための基本的なスタンスと

して要求されるもので、まさに**戦略的思考の出発点**になるものです。この考え方を企業経営者に当てはめれば、戦略的思考の有無の判断基準になります。非常にラフなものですが、有効性は高いと思います。

合言葉は「いそがしい？」

友人の保利恵一氏は、金融機関出身の経営コンサルタントですが、彼が新入行員向けに書いたコラム（未発表）に以下のようなシニカルなものがあります。

『いそがしい？』

金融マン同士の合言葉。

「いそがしい？」と聞かれたら、「いやー、もうメチャクチャ」と答えなければならない。「いえ、別に」なんて答えると、「アイツは仕事をしていない」と言われるから注意すること。金融マンは自分の仕事の質や成果を競わずに「長さ」を競うものなのである。

これといった仕事もないのに早朝出勤したり、必要もないのに他人に付き合って夜遅くまで会社に残っているのも、すべて「いやー、もうメチャクチャ」と答えるためである。

以前、同業態の方と名刺交換したとき、「仕事の忙しさならどこにも負けません」というユニークな挨拶をされて少々驚いたことがあります。「計画のグレシャムの法則」から脱却することが、マーケティング分析能力を高めるスタートになると思います。マーケティング分析とは、多忙な融資担当者に「足を止めて考える」ことを要求するものだからです。

6 文章表現力の重要性

―――― *論理的に表現することが基本*

　分析とは客観化の作業です。企業分析においては、対象企業がなぜ優れているか（なぜ劣っているか）、どこがどのように優れているのか（劣っているのか）を論理的に表現しなければなりません。表現方法は、口頭の場合もあれば、文章の場合もありますが、論理的な表現力を高めるためには**文章化する能力が必要**だと思います。

　口頭で表現する必要があるのは、融資判断などについて、顧客あるいは営業店の上司、本部の審査部などに対して説明する場合です。分析結果が悪い時は、融資はお断りすることになります。こうした場合の話法などは本書の対象外ですが、基本的には論理的に顧客に説明する必要があります。

―――― *だって好きなんだもん♡*

　前出の保利恵一氏が、『だって好きなんだもん♡』というコラムの冒頭に以下のような文章を書いています（通信講座テキスト『企業力評価コース』経済法令研究会）。

『だって好きなんだもん♡』
　タイトルはバブルの申し子のような女性行員が、融資担当になった時に案件取上の理由として意見書に書いたフレーズである。製品が「カワ

> イイから」などというのもあった。おまけに例の丸文字（変体少女文字）で書かれていた。
>
> 　こういう部下を持った上司のショックは容易に想像できる。当時、営業店を回ると、こうした意見書の直撃を受けた融資課長が机に突っ伏している光景がよく見られた。

　これはもちろんフィクションです。ただ、文体こそ違うものの「だって好きなんだもん♡」程度の意見書しか書けない融資担当者は**意外に多い**と思います。「だって好きなんだもん♡」程度とは、「好きだから好き（良いから良い）」(I like it, because I like it.) というように、結論がそのまま理由になってしまっているような意見書ということです。これは、研修の講師を担当している経験に基づく感想ですが、他行庫の知人の意見や編集者に取材してもらった結果とも一致しています（もちろん、立派な意見書を書く人もたくさんいます）。また、「取引振り（仕振り）良好」とか「業績は順調に推移」とか、**先輩の手垢にまみれたフレーズ**を使って、融資の仕事を覚えたと満足している人がかなりいるような気がします。

　企業分析においては分析のスタンスを明確にしたうえで、「なぜこの企業を評価するのか（しないのか）」を**論理的に表現**しなければなりません。恋愛なら「だって好きなんだもん♡」で（多分）かまいませんが、企業分析においては**分析対象を客観化する**という、表現に対する明確な意識がないと、マーケティング理論や財務分析比率をいくら覚えても企業分析能力は上がりません。

実態の分析と財務分析を融合

　7年ほど前から講師を担当している研修では基本的にケーススタディ形式を採用しています。事例企業のプロフィール、融資申込に至った経緯などが記述された状況説明書、財務諸表、同分析票、関連資料などを受講者に配布して、分析コメント、融資可否判断を記した意見書を作成させるものです。受講者の大半が融資・営業担当者ですが、たいていの人は意見書の作成に全力を上げます。最終的には融資可否判断を求めているのですから当然のことなのですが、指導にあたっては、「**企業概表**」と呼ばれる分析コメントをしっかり書くことを強調しています。企業評価とは融資の申込があった時に初めて行うものではないからです。融資担当者は、日頃から経営者からのヒアリングや企業現場の**実態観察を経た分析と財務分析結果を融合**して、企業を適切に評価しておく必要があります。この評価ができていれば、実際に融資の申込があった時に慌てることもありません。良好先と判断できていれば、積極的に融資セールスをすることも可能ですし、融資の申込があった時には、資金需要や資金使途の妥当性などを重点的に分析すればよく、融資担当者も仕事が効率的に進められるはずです。

　企業から財務諸表を預かったら、融資の申込がなくても分析結果を読みこんで、日頃の情報収集結果と併せてコメントを記述しておく。文章表現力は自らの企業評価を客観化する意味で非常に重要なものだと思います。

7 企業分析の魅力

―――― 頭脳労働としての面白み

　マーケティングは**非常に多様な側面**を有しています。ざっと概観しただけでも経営学、経済学、社会学、統計学、数学、論理学、心理学、文化人類学、文学、美術などと関連があります。マーケティングの勉強から派生して、これらの各分野へ入っていくと時々深みにはまってしまい、帰って来られなくなるような気がすることがあります。自己啓発を広い意味で「趣味」としてとらえれば、別に帰って来られなくてもかまわないのですが、実務的なレベルではどこかで歯止めをかける必要があります。

　分析力（客観化の能力）を高めるためには、マーケティングのテキストや財務分析の技術書を読むと同時に、**良質な評論を併せて読む**ことが有効だと思います。評論とは客観化の作業だからです。評論の対象は自分にとって興味があるものなら、音楽でも美術でもスポーツでも何でもかまいません。司馬遼太郎氏の小説を読んで歴史を勉強するのと同じ感覚です。もっとも、同氏の小説をいくら読んでも、すべての読者が歴史家（歴史家的センスの持ち主）になれるわけではありませんから、かなり**意識的に読む努力**は必要です。

　かつて経営戦略論のテキストを読んでから、司馬氏の小説『坂の上の雲』を読んだところ、戦略と戦術の違いがとてもよくわかりました。戦略と戦術の違いについては第Ⅴ章で述べますが、『坂の上の雲』は戦略

論のサブ・テキストとしても優れています。音楽評論でポップな例を挙げれば、近田春夫氏の『考えるヒット』(文藝春秋) という最近のJ・ポップを対象にした評論集があります。このタイトルはもちろん近代批評の大家、小林秀雄の『考えるヒント』のもじりです。J・ポップなど興味がないという人には、やはり近田氏の著作で、70〜80年代の歌謡曲を対象にした『定本　気分は歌謡曲』(文藝春秋) という本もあります。これを読むと、分析という行為は対象を選ばないことがわかると思います。評論・研究などが科学的 (論理的) であるか否かということは、分析の対象ではなく分析のアプローチによって決まるということです。

「金融機関 (営業店) の仕事は肉体労働だ」と自嘲的に言う地方銀行の若手の方に会ったことがあります。確かに現場の実態にはそういう側面もありますが、企業分析はある程度のレベルに達すれば**非常に知的な作業**です。財務分析によって生じた疑問を解明するために、財務諸表の細部を検討する。経営者へのヒアリング結果などと照合して考える。このような作業は文字どおり**頭脳労働**です。若手の方には、まず企業分析の面白みを知ってもらいたいと思います。**仕事は楽しくやるに越したことはありません。**

―――――――――――――――――― まずは枠組みを知る

マーケティングという広範なフィールドのなかで、融資担当者として企業分析 (マーケティング分析) の力を身につけるためには、まず**戦略的マーケティングの枠組みを理解**することが有効だと思います。図表I―1は戦略的マーケティングの枠組みを示したものです。「市場環境」と「経営資源」の各要因を反映して「市場戦略」が策定されており、同時に「組織構造」との調整もなされている点に注目してください。

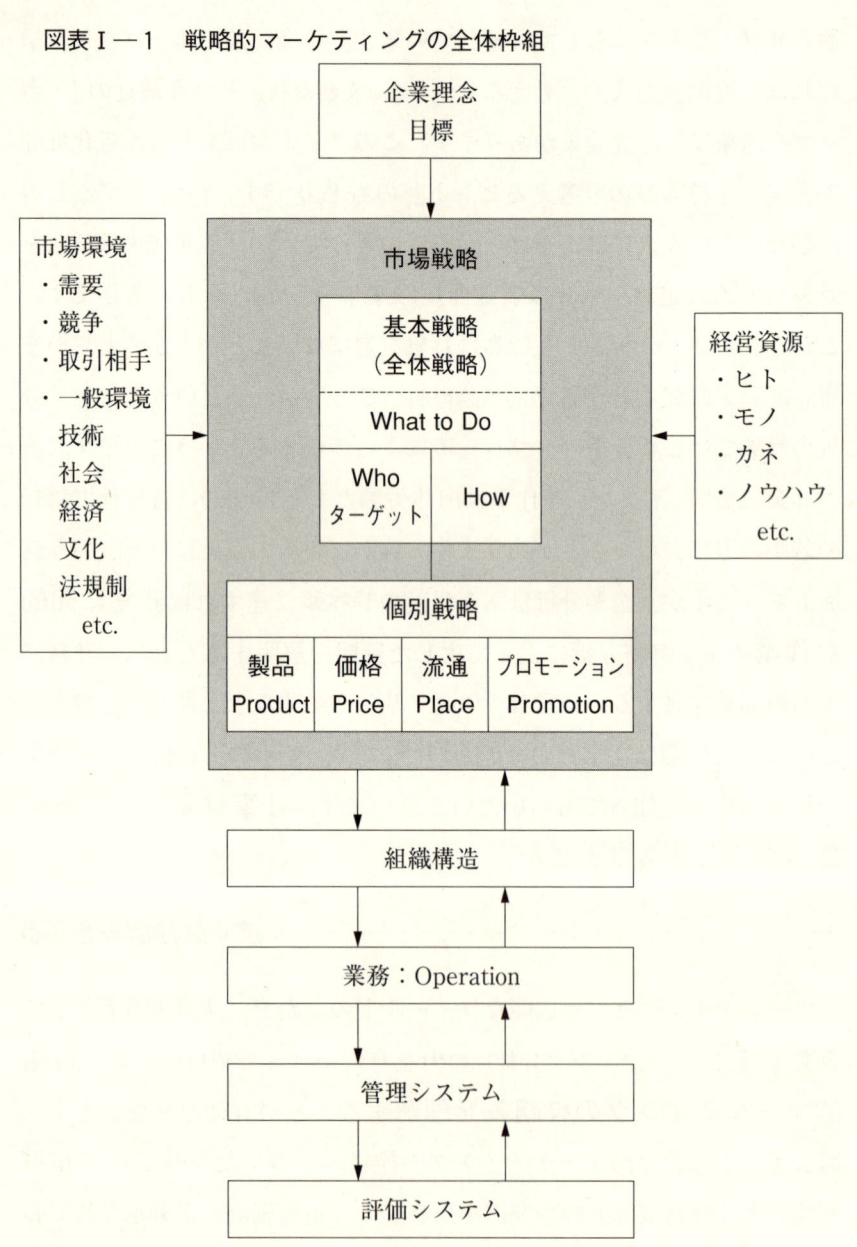

図表 I―1　戦略的マーケティングの全体枠組

```
                    ┌─────────────┐
                    │  企業理念   │
                    │    目標     │
                    └──────┬──────┘
                           ↓
┌─────────┐       ┌──────────────────────────┐       ┌─────────┐
│市場環境 │       │        市場戦略          │       │経営資源 │
│・需要   │       │  ┌────────────────────┐  │       │・ヒト   │
│・競争   │       │  │    基本戦略        │  │       │・モノ   │
│・取引相手│ →   │  │   （全体戦略）     │  │ ←    │・カネ   │
│・一般環境│      │  ├────────────────────┤  │       │・ノウハウ│
│ 技術    │      │  │    What to Do      │  │       │  etc.   │
│ 社会    │      │  ├─────────┬──────────┤  │       └─────────┘
│ 経済    │      │  │  Who    │          │  │
│ 文化    │      │  │ターゲット│  How    │  │
│ 法規制  │      │  └─────────┴──────────┘  │
│  etc.   │      │    ┌──────────────┐     │
└─────────┘      │    │   個別戦略   │     │
                 │  ┌───┬───┬───┬──────┐  │
                 │  │製品│価格│流通│プロモーション│  │
                 │  │Product│Price│Place│Promotion│  │
                 │  └───┴───┴───┴──────┘  │
                 └────────────┬─────────────┘
                              ↓
                    ┌─────────────────┐
                    │   組織構造      │
                    └────────┬────────┘
                             ↓↑
                    ┌─────────────────┐
                    │ 業務：Operation │
                    └────────┬────────┘
                             ↓↑
                    ┌─────────────────┐
                    │  管理システム   │
                    └────────┬────────┘
                             ↓
                    ┌─────────────────┐
                    │  評価システム   │
                    └─────────────────┘
```

出所：嶋口光輝・石井淳蔵『現代マーケティング』[新版]（有斐閣）（一部加工）

戦略性が希薄な企業は、概して「組織構造」の下の「業務：オペレーション」と「管理システム」・「評価システム」にウェイトがかかったスタイルになっています。金融機関は管理システムが発達していますが、中小企業は概して管理面が弱点になっています。そのため、管理がしっかりしている中小企業に出会うと、「感動してしまう」融資担当者がいますが、「内部管理がしっかりしている会社」が「戦略的に優れている会社」とは限りません。

8 定性評価のシステム化

――――――――――――― 定性評価のチェック項目

　企業の定性評価のチェック項目として、金融界で一般的に挙げられるのは以下の①～③のようなものです。

①経営能力
・経営者の性格…人格は円満か、事業に対する責任はどうか
・経営者の年齢・経歴・健康状態
・経営者の能力…経営理念に問題はないか、会社を私有化していないか、等
・経営者の事業意欲…事業に対する熱意や意欲はどうか、業界の市場動向を常に把握しているか
・後継者の確認
・経営陣の内容・組織…経営陣相互の協調性はあるか、労使関係はうまくいっているか

②経営環境
- 業歴…設立経緯・創立以降の業績、等
- 業界内の地位…業界内のマーケットシェアはどうか、他社との競合関係はどうか
- 業界の見通しや将来性…成長産業か衰退産業か
- 本社・営業・工場等の立地条件

③経営基盤
- 取引先の内容…主力の販売先・仕入先はどこか、販売仕入ルートは安定しているか
- 商品の競争力…他社に対して競争力を持っているか、主力商品に商標権・特許権はあるか

　金融機関によって多少見解が違うかもしれませんし、各項目のウェイト付けをどうするかなどの問題はありますが、①～③のような視点は金融界ではオーソドックスなものだと思います。こうしたチェック項目を使って、企業の定性分析をコンピュータ・システムによって定量化するという動きもあります。そうした試みを基礎研究として続けることは必要だと思いますが、近い将来における実用化を前提としたシステム化の動きについては、個人的には賛成できません。

────────────── *恣意性の排除が必要だが……*

　このチェックリストのような形式で企業の定性部分を定量化するためには、あらかじめ担当者の評価基準を一致させる必要があります。**評価者による恣意性の排除**です。例えば、①経営能力の中に「経営者の性格」という項目があり、「人格は円満か」というチェックポイントがあります。これを定量化するためには、「人格は円満か」というチェ

ックポイントに対して、「そう思う」「ややそう思う」「あまりそう思わない」「そう思わない」などの質問項目を用意して担当者が回答するという方式が一般的だと思います。

ここで恣意性を排除するためには、担当者によってこの回答がブレないように、**統一的な判断基準を用意**する必要があります。「人格は円満か」というチェック項目に関しては、これはあくまで例ですが、〈仕事場で従業員を怒鳴りつけていたら〉→「そう思わない」に該当する、といったものです。実際にはもっとソフィスティケートされた方法があるのでしょうが、このような形で判断基準を統一しようとする試みは、膨大でかなり煩瑣な作業になります。

その結果、仮に500人の融資担当者の評価尺度が統一できたとしても、そのチェック・システムは誰でも同じように企業の定性評価ができるような**非常に平板なもの**になってしまうでしょう。つまり、融資担当者以外の人間、預金担当者などにも企業評価ができるようになるわけです。それこそ、まさに「効率化」なのかもしれませんが、企業活動のプロセスの複雑性を重視する本書のスタンスとは異なるものです。

企業分析には担当者の「技」が必要

中小企業の特殊性を主張する地域金融機関が、こうしたシステム化を志向するとしたら、**自己矛盾に陥る**ことになります。定性評価を定量化するということは、現実の(中小)企業の実態は、これだけ複雑化した社会においても一般化できるほどシステマティックだと考えていることになるからです。中小企業に限らず、企業の定性分析をシステム化することについては、方法論の問題として賛成できません。企業分析とは、前述のような「処理」の問題ではなく、分析を行う**担当者の「技法」**

の問題だと考えているからです。

　現在のところ、定性評価のシステム化を志向しているのは大型金融機関が中心で、評価者の恣意性を排除する必要がないとする考え方もあるようです。膨大な数の取引先企業を有する都市銀行などが、システム化を志向することは理解できます。恣意性を排除しなくても、母集団が大きければ何らかの傾向は見えてくるはずだという考え方も成立するのかもしれません（システム化に費やす労力とその成果—コスト・パフォーマンス—の点から考えても、やはり個人的には賛成できませんが）。

　ナショナル・チェーンの流通業は、その企業規模の大きさゆえに商品・サービスの標準化を図り、効率を追求する必要があります。一方、**手焼きの味が人気の街のせんべい屋が効率化を狙って機械化する愚は明白**です。企業の定性評価のシステム化については、各金融機関の戦略によって賛否が分かれると思われますが、企業の定性分析のフレームワークとして、マーケティングの概念を導入するということが本書のコンセプトです。①〜③のチェック項目の中には、「……に問題はないか」という表現があります。この問に対して、イエス・ノーで答えるのではなく、「問題自体が何か」を論じるのが本書のテーマであるとも言えます。

9　企業分析＝定量分析＋定性分析

　前述のように、企業分析とは定量分析と定性分析を融合したものです。図表Ⅰ—2のように、経営資源の「ヒト・モノ・カネ・情報（ノウハ

図表Ⅰ—2　定量分析と定性分析

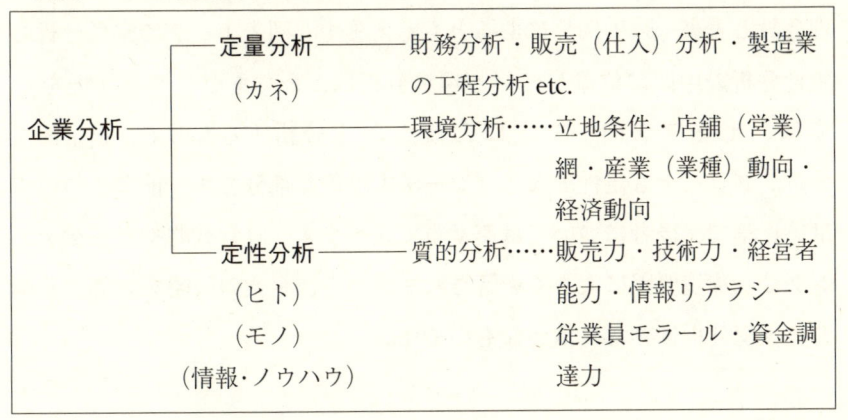

```
                ┌─定量分析─────財務分析・販売（仕入）分析・製造業
                │  （カネ）      の工程分析 etc.
                │             環境分析……立地条件・店舗（営業）
企業分析────┤                       網・産業（業種）動向・
                │                       経済動向
                └─定性分析─────質的分析……販売力・技術力・経営者
                   （ヒト）                能力・情報リテラシー・
                   （モノ）                従業員モラール・資金調
                （情報・ノウハウ）         達力
```

ウ）」のうち、主に「カネ」の部分を分析するのが定量分析で、財務分析がその代表です。財務分析の他には、小売業における商品群別の販売分析や、製造業における工程分析などが含まれます。

　定性分析は主に「ヒト・モノ・情報（ノウハウ）」などを対象とする質的分析で、分析結果が定量的に表現しにくい（定量的に表現することがそぐわない）分野です。

──────────────────── *質的分析と環境分析*

　質的分析は販売力・技術力・ブランドイメージなど、どちらかと言えば経営資源のソフトな部分を対象とするものです。もっとも、定性分析といっても多くの分析は定量化を伴うもので、定量分析と定性分析の差は、分析アプローチの違いにあるとも言えます。マーケティングも定性的な部分と非常にシステマティックで定量的な側面を有しています。一般には後者のイメージのほうが強いかもしれません。図表Ⅰ—2の定量分析のうちの財務分析以外の部分がそれに当たります。この定量的な

マーケティング分析については第Ⅳ章で記述しています。この分野は管理会計と表裏一体の関係にあるとも言えます。図表Ⅰ―2で定量分析と定性分析の中間に位置している環境分析は、企業を取り巻く状況を**ミクロ、セミマクロ、マクロの視点から分析**するもので、定量的な分析アプローチも定性的なアプローチも可能な部分です。前者については第Ⅳ章で、後者については第Ⅴ章で述べます。経営戦略やマーケティングは、環境要因に大きく影響されますから、企業の戦略を評価する場合、環境分析は非常に重要なものです。

10 環境分析

─── トップダウン・アプローチとボトムアップ・アプローチ

図表Ⅰ―3は証券投資におけるファンダメンタルズ分析の流れです。ファンダメンタルズ（基礎的諸条件）をマクロ、セミマクロ、ミクロの順で分析調査を進める方法を**トップダウン・アプローチ**、逆にミクロから分析していく方法を**ボトムアップ・アプローチ**と呼びます。

融資担当者にとっては、ボトムアップ・アプローチのほうがなじみやすく自然だと思います。通常、金融機関の営業活動はまず**個別企業に対するアプローチから始まる**からです。ただ、ボトムアップ・アプローチを採用していても、企業分析に際してマクロやセミマクロの視点まで加えて分析している人は実際には少ないようです。

しかし、優良企業の発掘、育成においては、この視点は欠かせないも

図表Ⅰ―3　ファンダメンタルズ分析

トップダウン アプローチ ↓	経済分析（マクロ） 産業分析（セミマクロ） 企業分析（ミクロ）	↑ ボトムアップ アプローチ

のです。有能な経営者は、自社の経営環境を常に注視していますから、**同様の視点を持つ融資担当者は自らの理解者として信頼感が得られやすい**のです。

マクロ・セミマクロ的視点の必要性

このような営業上のメリットを別にしても、融資担当者はマクロ・セミマクロの視点を持つ必要性があります。

環境（変化）に影響を受けない企業はありません。生物界と同様に**環境に適応できない企業は淘汰**されていく運命にありますから、企業分析においてマクロ、セミマクロ的な視点を持つことは重要なことです。**財務分析だけで、企業の評価や融資可否判断ができるわけではない**のです。

例えば、格付システムで最高の格付を得ている企業は、それだけで融資先として適切でしょうか。講師を担当している研修で受講者によくこういう質問をします。

「格付システムで最上位にランクされている企業から融資の申込があったら、何を検討しますか」
「財務体質には問題がないということですか」
「そう、分析結果は抜群の内容です」

> 「それなら、資金使途や保全面を……」
> 「資金需要には妥当性があるし、資金使途も健全。財務面から見た返済能力はもちろん不安はないし、保全も十分にある」
> 「金利について……」
> 「金利も申し分ない水準で、取引振りも最優良です」
> 「えー……、契約書をいただいちゃいます」

　財務分析の結果だけを見れば、この受講者のような答になるでしょう。しかし、この企業が建設業者で経営不安が噂されるゼネコンの下請けだったらどうでしょう。融資担当者としては躊躇すると思います。融資先の取引先の信用不安や所属業界全体が抱えるリスクはビジネスリスクの問題で、**財務リスクを計測する格付システムでは通常は判断できません**。ビジネスリスクを把握するためには、取引先の分析（情報収集）や所属業界の分析、つまり**産業分析が必要**になります。

　産業分析の結果、不安がないことがわかっても、主要取引先が典型的な輸出入企業の場合、為替相場の変動によって業況が大きく左右されることもあり、結果として融資先の業況にも影響を及ぼす可能性があります。こうした要素を判断するためにはマクロの経済分析の重要性が高まります。

　経済分析、産業分析については、トレンド（製品のライフサイクル）とサイクル（景気循環）の関係に基づいて第Ⅳ章で述べます。

第Ⅱ章 財務分析のスタンス
―キャッシュフロー分析―

1 企業の安全性分析

　財務分析の指標は、一般的には図表Ⅱ―1のように分類されます（注1）。一般的な財務分析の立場からすれば、大分類の「安全性」「収益性」「成長性」「生産性・効率性」はいずれも重要な観点です。どれを取りあげても一論になりますが、本章では融資審査の立場から「安全性」を中心に論じます。**融資金を確実に回収することが融資業務の大前提**だからです。

　そして、安全性分析の主軸として**キャッシュフロー分析**を中心に記述します。

（注1）図表Ⅱ―1では割愛していますが、このほかに回転期間分析などがあります。

図表Ⅱ―1　さまざまな財務指標

安全性	収益性	成長性	生産性 効率性
流動比率	総資本経常利益率	売上増加率	労働生産性
当座比率	純資本利益率	経常利益増加率	付加価値率
固定比率	売上高総利益率	当期利益増加率	労働分配率
自己資本比率	売上高営業利益率	総資本増加率	1人当り売上高
経常収支比率	売上高経常利益率		1人当り当期利益
インタレスト・カバレッジ・レシオ	売上高利益率		1人当り人件費
	売上高純金利負担率		総資本回転率

2 あなたは「灰原君」になるか

流動比率は Banker's Ratio

　近年まで金融機関向けの財務分析テキストの記述は比率分析が中心でした。安全性（流動性）の分析指標で、あるいは比率分析の指標のなかで、**最もポピュラーなものが流動比率**だと思います。研修で流動比率の算出式を受講者に問うと、たいていの人が答えることができますが、**インタレスト・カバレッジ・レシオ**あたりになると少々あやしくなります。財務分析のテキストの一番初めに記載されているのは多くの場合、流動比率ですから、読んだ人の記憶によく残っているのではないかと思います。

　流動比率は、一般的には流動性の分析（支払能力の分析）に使用されます（念のために算出式を書けば、「流動資産÷流動負債×100」です）。アメリカでは「銀行家比率」（Banker's Ratio）と呼ばれています。200％ルール（Two to One Rule）といって、流動比率は理想的には200％が必要とも言われています。200％ルールの根拠は、**支払義務（負債）の2倍の支払手段（資産）**があれば、急いで流動資産を処分して資産価値が半減しても、負債を支払うだけの資金は確保できるというものです（注2）。

日本企業の流動比率

　しかし、日本の上場企業の流動比率は平均で110％程度です（2000年

度)。製造業は日銭が入りにくい業種が多いので126%と高めですが、売上債権が少ない小売業は76%で100%にすら達していません。200%ルールを単純に適用すれば、日本では上場企業の多くが「安全性に欠ける」ことになってしまいます。この結論は現実的ではありません。

　流動比率や当座比率の問題点は、**現金化するかしないかが未定の売掛金**などの資産を支払準備資産として計算することです。流動比率が高くても資金繰りに苦しんでいる企業は多く、流動比率が低くても支払能力が高い企業は多々あります。これは**資産が現金化する時期と負債の支払時期が一致しない**ためです。企業は赤字のためではなく、支払能力を喪失した場合にデフォルト状態(支払不能状態)に陥ります。したがって、**安全性の分析とは企業の支払能力を評価すること**であり、流動比率はこの意味では有効ではないのです(注3)。

　200%ルールの含意からしてわかるように、流動比率の有効性は、強いて言えば担保の存在と同様に、事業の継続を前提にしない場合に(倒産や清算の時点において)発揮されるものです。融資先が倒産したら、会社に乗り込んで商品や売掛金(の請求権)を押さえ、処分して自らの債権に充当する。こういう場合には、流動比率は確かに参考になります。ただし、この発想はかの名作マンガ『ナニワ金融道』の主人公「**灰原君**」と同じです。一般の金融機関にとって「安全性」とは、あくまで融資金が**通常に返済される可能性の高さ**に求められるはずです。

　安全性の分析指標として流動比率を挙げる人もいますが、本書においては支払能力の状態を見る際に有効な**キャッシュフロー分析**を中心に記述します。

第Ⅱ章　財務分析のスタンス―キャッシュフロー分析―

（注2）「半値八掛け二割引き」という言葉があります。換金処分を急ぐ場合は元の値段の32％（1×0.5×0.8×0.8）になってしまうという覚悟が必要だということです。

（注3）流動比率について否定的なことを述べましたが、全体的な財務バランスを把握する場合、流動比率は有効な指標です。流動比率が100％のとき、貸借対照表は図表Aの状態になります（固定長期適合率も100％になります）。このとき、正味運転資本（＝流動資産－流動負債）がゼロになります。

一方、流動比率が100％を下回っている状態が図表Bで、当然、固定長期適合率も100％を上回ります。この状態は固定資産への投資を流動負債で賄っているわけで、財務バランスからして好ましくありません。

時々、「流動比率が100％を下回っており、固定長期適合率は100％を超えている」という分析コメントを書く人がいます。貸借対照表の仕組みがわかっていないため、コメントが同義反復になっていることに気がついていない例です。

図表A
流動比率＝100％
固定長期適合率＝100％

流動資産	流動負債
固定資産	固定負債
	自己資本

図表B
流動比率＜100％
固定長期適合率＞100％

流動資産	流動負債
固定資産	
	固定負債
	自己資本

（固定資産には繰延資産を含むこととします。）

3 若手行員は収益性を重視(?)

収益性が重視される理由

雨宮拓也氏が某金融機関の若手行員50名を対象に実施した、『あなたがもっとも重視する財務比率はなんですか』というアンケート結果を雑誌（リテールバンキング1996年4月号）に紹介しています。その記事によると、「安全性」「収益性」「成長性」「生産性・効率性」という分類別では、**約60％**の人が総資本経常利益率など**「収益性」**に属する比率を選択したそうです。この結果からすると、この金融機関の若手の行員は財務分析にあたって収益性を重視する人が多いことになります。

雨宮氏の記事は96年のものですから、現在なら「安全性」が1位になるかもしれませんが、金融機関の財務分析は長らく**収益性分析が主流**でした。もちろん収益性の分析は重要です。本来、企業は資本と負債として調達した資金を、損益計算上で利益計上できるように運用することを目指すからです。**会計制度が現金主義ではなく発生主義を採用**しているため、収益性分析が主流になるのは当然のこととも言えます。

また、日本経済全体が資金不足だった時代に、大型金融機関が大企業相手の金融に傾斜していたことも影響しているように思います。中小企業に比べれば相対的に安全性が高い大企業の場合、**自ずと収益性の高低が融資審査のポイント**になったのでしょう。同時期、地域金融機関（中小企業専門金融機関）は、もとより中小企業相手の金融を行

っていました。ただ、中小企業を対象として独自の分析手法を確立していたわけではなく、その融資姿勢は俗にいう「人を見て貸す」というものでした。高度経済成長以前の人縁・地縁（コミュニティ）が濃厚な「ムラ的社会」においては、それでもよかったのです。業態による金融機関の棲み分けが明確だった時代には、地域金融機関の存在意義はまさにその点にあったからです。

――――――「収益・収入・利益」と「費用・支出・損失」の違い

　その後、経済全体の極端な資金不足が解消し、都市銀行が資金の運用先を求めて中小企業金融の分野へ進出してきましたが、融資審査の手法はやはり収益性分析が中心でした。一方、高度経済成長によって全国的に都市化が進展して「ムラ的社会」が消滅しました。その過程で、地域金融機関の「人を見て貸す」という融資手法は徐々に有効性を失っていきました。地域住民の流動性が高まり、人縁・地縁が希薄になったからです。この際、**地域金融機関が上位業態の財務分析手法にならった**ため、収益性分析が財務分析の主流になったのではないかと思います。残念なのは、この時期に、地域金融機関が長年にわたって経験してきた中小企業相手の融資のノウハウを生かして、独自の融資審査体制を開発しなかったことです。これが実現していれば、**大型金融機関と有効な差別化が可能だったと思います。**

　前述のように、企業は資本と負債として調達した資金を、損益計算上で利益計上できるように運用することを目指します。ただし、この資金運用においては**収入と支出のバランスも同時に維持されていなければなりません。**企業が支払不能（デフォルト）状態になるのは利益率の低下や損失の発生によるためではありません。企業は**支払能力**

を喪失した場合にデフォルト状態に陥るのです。

　その意味では、現場でよく使用される「利益償還」という言葉も正確ではありません。例えば、500万円の当期純利益を計上していても、借入金の返済に充てる**現金はこの利益額とは一致しません**。利益は損益計算上の概念であり、それによって借入金の返済をすることはできないのです。収益と収入、費用と支出は等しくなく、損益計算と収支計算は一致しません。「勘定合って銭足らず」「黒字倒産」という事態が起こるのはこのためです。財務分析にあたっては、「収益・収入・利益」「費用・支出・損失」の違いを明確に理解する必要があります。

4 比率分析と実額分析

―― *中小企業相手の収益性分析はむなしい!?*

　融資審査の立場からすれば、財務分析においては流動性の分析、つまり**支払能力の分析が重要**です。融資金回収の確実性を判断するためには、利益率などで収益性を分析するよりも、支払能力の状態をダイレクトに見るほうが有効だからです。**利益に対する配慮が希薄な中小企業を相手にする場合、その有効性はさらに高まります**。中小企業経営者の多くは「**売上高でマーケティングを把握し、資金繰りで財務を管理**」します。好景気の時期には、税負担の増加を嫌って経費を積み増し、利益を減少させるような企業もありました。こうした企業を対象に収益性の比率分析を行うのはむなしい行為です。したがって、中小企業を対象とする場合は、比率分析よりも**実額の分析を優先**す

る必要があります。

キャッシュフロー分析が主流に

　もちろん経営者にも「赤字は悪だ」という意識がありますし、収益性を重視する金融機関に対しての印象を考えますから、「資金繰りさえついていれば赤字でもかまわない」とまでドライに考えている経営者はあまりいません。しかし、**利益計上よりも資金繰り（あるいは手元流動性の高さ）を重視する経営者**はかなりいます。こういう中小企業と長年付き合ってきた地域金融機関の融資審査においては、もっと以前からキャッシュフロー分析が主流になっていてもよかったはずだとも思います。一方、大企業に対しては実額の分析であるキャッシュフロー分析が急速に浸透してきています。キャッシュフローの概念が分析担当者にとっても経営者にとっても重要な指標となっているからです。キャッシュフロー分析は、大企業にも中小企業にも共通する分析手法なのです。

　近年の不況によって、融資のデフォルト・リスクはかつてないほど高まっています。バブル経済期の「担保至上主義」は地価など資産価値の下落によって通用しなくなりました。こうした環境変化が、否応なく金融機関の**融資審査のスタンスに変化を要求**しています。企業と金融機関を取り巻く環境の変化、価値観の変化を象徴する形で登場したのが**キャッシュフロー**という概念だという気がします。

5 企業環境の変化

新会計基準の導入

　証券取引法の適用を受ける企業は、1999年4月1日以降に開始する事業年度から、キャッシュフロー計算書の作成が義務づけられました。従来の貸借対照表や損益計算書のほかに、キャッシュフロー計算書が基本財務諸表に加えられたのです。これは国際会計基準の導入という**会計ビッグバン**の一貫として実施されたものです。企業価値の動向に関心が高い機関投資家もキャッシュフローを重要視するようになり、必然的に企業も経営指標としてキャッシュフローを利用するようになっています。

　こうしたトレンドは、キャッシュフロー計算書の作成を義務づけられていない中小企業にとっては、**一見無縁なもの**とも思えます。しかし、信用リスク管理の高度化を志向する大手企業が、**企業間信用**の供与などの場面において、中小企業のキャッシュフロー分析を行うことが考えられます。その結果、必要に迫られた中小企業がキャッシュフローの概念を経営に取り入れることは十分に考えられることです。

　企業の支払能力の「真水(まみず)」の部分を見ることができるキャッシュフロー分析は、**金融機関**にとっても非常に有効性が高いものです。

担保至上主義の限界—バブル経済期の反省—

　地価や有価証券価格が右肩上がりで上昇していたバブル経済の頃、

第Ⅱ章 財務分析のスタンス―キャッシュフロー分析―

多くの金融機関は土地や株式などの資産の含み益を評価し、担保として取得していました。含み益に着目した当時の融資姿勢には現在でこそ批判がありますが、程度の差こそあれ、日本の金融機関は融資判断に際して「担保されあれば……」という**担保至上主義に陥っていた**と思います。融資判断は本来、顧客の「**支払能力（返済能力）**」の見極め**を本分**とするものですが、この時代にはそれが「借入能力の有無」―担保提供能力の有無―に置き換わっていました。バブル経済の時期は、上昇し続ける資産価値を背景にして、借り手が融資量の増加にしのぎを削る金融機関に対して優位に立っていました。当時は金融機関が「貸す」時代から「借りていただく」時代に転換した時代だったとも言えます。

　金融機関の融資姿勢だけを責めるわけにもいきません。企業側も資産の含み益をテコにした借入金によって土地や有価証券などへの投資を活発に行い、経営の「**多角化**」に熱心だったからです。上昇を続ける地価と株価が、含み益の増加という形でこれらの「多角化」を支え、金融機関の融資量拡大と相俟っていたのです。

　キャッシュフローの観点からすれば、**含み益とは未実現のキャッシュフロー**です。当時、企業はこの未実現のキャッシュフローの増大を目指して投資活動を行い、金融機関も未実現のキャッシュフローの部分を担保として評価して融資量を拡大していました。しかし、バブル経済の崩壊によって、こうした価値観も崩れ去ってしまいました。上昇を続けていた地価、株価が下落し始めた結果、含み益（未実現のキャッシュフロー）を生み出していた**投資資産が不良資産に変わってしまった**からです。

　企業は投機的な多角化経営から、本業においてキャッシュフローの獲得を目指す経営に転換せざるをえなくなりました。資産価値の上昇を信

じて融資を拡大してきた金融機関も、担保至上主義という融資スタンスの変更を迫られることになりました。企業が保有する資産の価値ではなく、企業が**本業**において**獲得**する**キャッシュフロー**を重視する必要性が高まってきたのです。この流れは、融資した資金の安全確実な回収（融資の安全性）を本旨とする金融機関の立場からすれば当然のことで、いわば**原点回帰**です。加えて、バブル経済後の不況による企業倒産の増加が、融資審査の厳正化に拍車をかけました。こうした環境下において実施された会計ビッグバンによって、キャッシュフローは企業にとっても金融機関にとっても重要な概念となったのです。

6 キャッシュフロー…古くて新しい指標

経常収支とキャッシュフロー

　融資担当者にとって、キャッシュフローは特別に**目新しい**概念ではないはずです。おそらく最もポピュラーなキャッシュフローの定義は、「内部創出資金」（「税引後利益＋減価償却費－社外流出」）でしょう。融資の返済財源の計算や設備投資資金の経済性計算における回収期間法などによく利用される、簡便法によるキャッシュフローです。

　キャッシュフローとは、文字どおり「資金の流れ」を意味します。周知のように、利益は「収益－費用」で表されます。これに対してキャッシュフローは「収入－支出」という式で算出され、損益収支に対して「資金収支」とも呼ばれます。金融機関の現場で行ってきた資金収支

計算の代表が**資金移動表**です。資金移動表は発生主義（損益収支）に基づいて作成される財務諸表を、資金収支に置き換えたものです。資金移動表の「経常収支の部」で計算される経常収支は、キャッシュフロー計算書の「営業キャッシュフロー」と近い概念です。

損益計算との違い

まず、キャッシュフロー（資金収支）と損益収支の違いを明らかにするために、経常収支を中心に資金移動表について記述します。

経常収支を計算する基本的な原則は以下のとおりです。

資産の増加……収益から控除する・費用に加算する
負債の増加……収益に加算する・費用から控除する

例えば、資産である売掛金の増加は損益計算においては収益の増加要因ですが、資金の動きでみれば収入（現金の流入）を抑制します。売上（収益）が売掛金や受取手形として貸借対照表に残っている間は、資金の流入はありません。棚卸資産も同様です。貸借対照表に在庫として計上されている金額は、損益計算書上では売上原価に含まれていませんが、その在庫はすでに購入されていて資金が流出しています。したがって、**売上債権、棚卸資産の増加は収入（キャッシュの流入）にとってマイナス**に働きます。

負債である仕入債務の場合、商品を仕入れても買掛金や支払手形として貸借対照表に計上されている間は、資金の流出は生じません。したがって、**仕入債務の増加は支出（キャッシュの流出）を低減**することになります。

そのため、経常収支の計算においては、資産の増加分は収益から減算するか、費用に加算し、負債の増加分は収益に加算するか、費用から減算するわけです。

「勘定合って銭足らず」の状態とは？

簡単な事例で示せば以下のようになります。

10,000千円の売上（現金売上4,000千円、売掛金6,000千円）が発生すれば、損益計算においては収益10,000千円が計上されますが、資金収支は現金の売上をとらえるため、収入としては現金売上の4,000千円しか認識しません。

この取引において、9,000千円の仕入が発生している場合（現金仕入5,000千円、買掛金4,000千円）、損益計算では費用9,000千円が計上されますが、資金収支では現金仕入の5,000千円だけを支出として計算します。

◉損益計算では……
　売上10,000千円－仕入9,000千円＝利益1,000千円
◉資金収支計算では……
　収入4,000千円－支出5,000千円＝収支過不足▲1,000千円

事例の場合、損益計算では利益1,000千円を計上していますが、資金収支では1,000千円の収支不足が発生しています。これが「**勘定合って銭足らず**」の状態です。

経常収支計算においては、この例では考慮していませんが、資産と負債の増減を収益と費用から加減算するとともに、減価償却費のように現

金支出を伴わない費用（非資金費用）も同様に費用から減算します。

経常収支比率は、経常収入を経常支出で割ったものです。経常収支比率が**100％未満**ということは、**収支過不足がマイナスの状態**にあるわけで、企業はこの不足分をなんらかの形で調達しなければなりません。経常収支が恒常的にマイナス状態にある企業が資金調達力を失えば、収支構造を改善しないかぎり**支払能力を喪失して倒産**します（企業は赤字のためではなく、支払能力を喪失した場合に倒産するのです）。企業の支払能力を端的に表す**経常収支（比率）が倒産予知に有効**だと言われるのはこのためです。

損益計算においては売上が発生すれば収益として認識されます。売掛金が不良債権化して回収が遅れていても、利益の源泉である収益は計上されます。また、製品や商品が売れ残ってデッドストック化していると、費用（売上原価）は減少します。どちらの場合も収益性は向上しますが、キャッシュフローにはマイナスに働きます。

収益性の向上は、必ずしも支払能力の向上にはつながりません。この損益計算の欠点を補うのが経常収支計算（資金収支計算）なのです。

資金移動表とキャッシュフロー計算書

図表Ⅱ—2に資金移動表とキャッシュフロー計算書（直接法）との違いを示しました。

キャッシュフロー計算書の表示方法（計算方法）には、直接法（Direct Method）と間接法（Indirect Method）の2種類があります。両者の違いを「営業活動によるキャッシュフロー」の部分で簡単に説明すると以下のようになります。

> 直接法：営業収入から営業支出を控除してキャッシュフローを計算する方法
> 間接法：税引前当期利益に減価償却費などの非資金費用を加えて運転資本の増分を控除する方法

　企業会計審議会による「連結キャッシュフロー計算書等の作成基準の設定に関する意見書」(以下「意見書」)では、継続適用を条件として直接法と間接法の選択適用を認めています。どちらの方法にも一長一短がありますが、海外では作成が簡単な間接法を採用している企業が多いようです。図表Ⅱ―2では資金移動表と対比しやすい直接法を使用しました。

　資金移動表とキャッシュフロー計算書の主な相違は以下のとおりです。

① **法人税・配当金役員賞与**

　資金移動表で「設備等収支の部」に表示される法人税・配当金役員賞与が、キャッシュフロー計算書では「営業活動によるキャッシュフロー」の区分に記載されます。

　配当金役員賞与については、「内部創出資金」(簡便法キャッシュフロー)の計算で、「税引後利益＋減価償却費」から「社外流出」を控除することを考えれば理解しやすいと思います。

② **受取利息・配当金の表示区分**

　資金移動表では、受取利息・配当金と支払利息割引料は営業外収支として経常収支の部に記載されますが、「意見書」では利息と配当金の表示について継続適用を条件に以下の2つの方法を認めています。

　a．受取利息、受取配当金、支払利息は「営業活動によるキャッシュ

第Ⅱ章 財務分析のスタンス―キャッシュフロー分析―

図表Ⅱ―2

資金移動表	キャッシュフロー計算書（直接法）
＊経常収支の部＊	Ⅰ 営業活動によるキャッシュフロー

資金移動表側：

```
＊経常収支の部＊
    経常収入
売上
売上債権増加▲
前受金増加
営業外収入
    ＊経常収入合計
    経常支出
売上原価
販売費・一般管理費
営業外費用
棚卸資産増加
仕入債務増加▲
前渡金増加
減価償却費▲
貸倒引当金増加▲
退職給与引当金増加▲
    ＊経常支出合計
    Ａ経常収支
＊設備等収支の部＊
    設備支出
固定資産増加
繰延資産増加
未収金・仮払金増加
その他流動資産増加
その他流動負債増加▲
その他固定負債増加▲
特別利益▲
特別損失
    ＊設備等支出合計
    決算支出
法人税等
配当金役員賞与
    ＊決算支出合計
    Ｂ設備決算支出
＊財務収支の部＊
    財務収入
増資
長期借入金増加
短期借入金増加
割引手形増加
    ＊財務収入合計
    財務支出
有価証券増加
長期貸付金増加
短期貸付金増加
    ＊財務支出合計
    Ｃ財務収支
Ａ－Ｂ＋Ｃ 現預金増加
```

キャッシュフロー計算書（直接法）側：

```
Ⅰ 営業活動によるキャッシュフロー
    営業収入
    原材料及び商品の仕入支出
    人件費支出
    その他の営業支出
        小計
    利息及び配当金の受取額
    利息の支払額
    法人税等の支払額
        営業活動によるキャッシュフロー

Ⅱ 投資活動によるキャッシュフロー
    有価証券の取得による支出
    有価証券の売却による収入
    有形固定資産取得による支出
    有形固定資産売却による収入
        ………………
        投資活動によるキャッシュフロー

Ⅲ 財務活動によるキャッシュフロー
    短期借入による収入
    短期借入金の返済による支出
    長期借入による収入
    長期借入金の返済による支出
    社債の発行による収入
    社債の償還による支出
    株式の発行による収入
    配当金の支払額
        ………………
        財務活動によるキャッシュフロー

Ⅳ 現金及び現金等価物に係る換算差額

Ⅴ 現金及び現金等価物の増加

Ⅵ 現金及び現金等価物期首残高

Ⅶ 現金及び現金等価物期末残高
```

役員賞与、配当金（矢印で結合）

フロー」の区分に記載し、支払配当金は「財務活動によるキャッシュフロー」の区分に記載する。

　b．受取利息、受取配当金は「投資活動によるキャッシュフロー」の区分に記載し、支払利息、支払配当金は「財務活動によるキャッシュフロー」の区分に記載する。

　図表Ⅱ─2ではaの方法によっています。

③割引手形の表示区分

　資金移動表において「財務収支の部」に記載される割引手形は、「営業活動によるキャッシュフロー」の区分に記載されます。これは、営業債権・債務から生じるキャッシュフローは「営業活動によるキャッシュフロー」の区分に記載するという方針に基づくものです。

　資金移動表とキャッシュフロー計算書の主な相違点は以上のようなものです。表示区分に多少の相違はありますが、経常収支とキャッシュフローの基本的な考え方は同じで、どちらも損益収支ではなく資金収支の観点に立っています。

7 キャッシュフローと粉飾決算

　一般的には、損益計算書で赤字を計上している企業は経常収支（キャッシュフロー計算書においては営業キャッシュフロー）もマイナスになります。損益計算上で収益を費用が超過しているのですから、資金収支もマイナスになることが多いのは当然です。

　一方、次のような場合は、**損益計算上は黒字でも資金収支はマ**

第Ⅱ章 財務分析のスタンス―キャッシュフロー分析―

イナスになることがあります。

> ① 売上債権、棚卸資産が仕入債務よりも多い企業で、売上高が急激に増加した場合
> ② 大口の需要に備えるなどの理由で、意図的に棚卸資産（在庫）を増加させた場合
> ③ 期末に大口の取引が発生した場合
> ④ 粉飾決算による場合

　①～③の場合は一時的に損益収支と資金収支が裏腹の関係になりますが、長期的には一致してくるので（原因が確認できていれば）問題はありません。問題は④のケースですが、**粉飾によって損益計算書に架空の利益を計上しても、キャッシュフロー計算書には真実の数値が現れます**。この点はキャッシュフロー分析の大きな利点のひとつです。

　例えば、売掛金、棚卸資産の増加は、収益の増加、費用の低減につながりますから、架空の売掛金、棚卸資産を計上すれば損益計算上は増益になります。しかし、〈事例1〉〈事例2〉のように、粉飾決算によって架空の利益を計上しても、キャッシュフロー計算における収入と支出は粉飾前と変わりません。

> 〈事例1〉実際の売上高10,000千円のところに架空の売上高1,000千円を計上し、同時に売掛金1,000千円を増加させた。
>
> 　損益計算では、収益が実際よりも1,000千円増加しますが、キャッシ

ュフロー計算では収入額は9,000千円で粉飾前と同額になります。

〈事例２〉期末棚卸額を1,000千円増加させて売上原価を低減した。

　損益計算では、費用（売上原価）が実際よりも1,000千円減少するため利益が同額だけ増加しますが、キャッシュフロー計算では、仕入額は粉飾操作前と同じ8,000千円です。

　このように、キャッシュフロー計算を行うと粉飾効果が消滅して、企業の実態を把握することが可能になります。

8 各種のキャッシュフロー

　中小企業の場合、キャッシュフロー計算書の作成を義務づけられているわけではありませんから、財務諸表にはキャッシュフロー計算書が含まれていないことが多いと思います。金融機関の財務分析システムでキャッシュフロー分析ができる体制ならよいのですが、そうでない場合、融資担当者は**貸借対照表と損益計算書の数値を加工してキャッシュフロー分析を行う**必要があります。ここでは各種のキャッシュフローを簡便法で把握する方法と、キャッシュフロー計算書上のキャッシュフローの概念について述べます。

　先に簡便法によるキャッシュフローを取りあげます。

　キャッシュフロー分析（経営）においては、企業の活動を事業活動と

第Ⅱ章　財務分析のスタンス―キャッシュフロー分析―

〈事例1〉

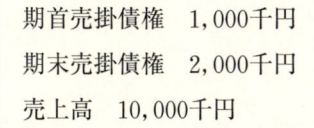

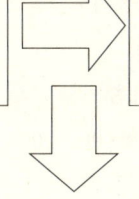

```
期首売掛債権　1,000千円         架空計上
期末売掛債権　2,000千円    ⇒      売上高　1,000千円
売上高　10,000千円               売掛金　1,000千円
                ⇓
              粉飾後
          期首売掛債権　1,000千円
          期末売掛債権　3,000千円
          売上高　11,000千円
```

粉飾前の売上高と売上収入
　　売上高　10,000千円
　　売上収入＝売上高－（期末売掛債権－期首売掛債権）
　　　　　　＝10,000－（2,000－1,000）
　　　　　　＝9,000千円

粉飾後の売上高と売上収入
　　売上高　11,000千円
　　売上収入＝売上高－（期末売掛債権－期首売掛債権）
　　　　　　＝11,000－（3,000－1,000）
　　　　　　＝9,000千円

〈事例2〉

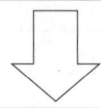

期首棚卸額　1,000千円
期末棚卸額　2,000千円
仕入額　8,000千円
売上原価＝期首棚卸額＋仕入額－期末棚卸額
　　　　＝1,000＋8,000－2000
　　　　＝7,000千円

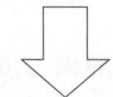

↓

架空計上
　期末棚卸額　3,000千円

↓

粉飾後
期首棚卸額　1,000千円
期末棚卸額　3,000千円
仕入額　8,000千円

売上原価＝期首棚卸額＋仕入額－期末棚卸額
　　　　＝1,000＋8,000－3,000
　　　　＝6,000千円

仕入額＝売上原価－（期末棚卸額－期首棚卸額）
　　　＝6,000＋（3,000－1,000）
　　　＝8,000千円

財務活動に区分して考え、事業活動によるキャッシュフローを**フリー・キャッシュフロー**（FCF）と呼びます。フリー・キャッシュフローは、営業利益に減価償却費などの非資金費用を加えたものから、A（営業利益に対する税金、運転資本の増加額）とB（設備投資などの資本的支出）を控除して計算します。

「営業利益＋減価償却費（非資金費用）－A」がオペレーティング・キャッシュフローで、「営業利益＋減価償却費（非資金費用）－（A＋B）」がフリー・キャッシュフローです。

―――――――― **オペレーティング・キャッシュフロー（OCF）**

営業利益から税額を控除して非資金費用を加算し、運転資本の増減を加味したものがオペレーティング・キャッシュフロー（OCF）です。運転資本の増減分は「売上債権＋棚卸資産－仕入債務」で計算されます。この増加額を控除するのは、先に述べたように、損益収支を資金収支に置き換えるためです。オペレーティング・キャッシュフローは簡便法では以下のような算式で計算されます。

```
オペレーティング・キャッシュフロー
  ＝営業利益×（1－税率）＋減価償却費－運転資本増分
```

税率は営業利益に実効税率を乗じて計算します。実効税率は以下のように計算します。

$$\text{実効税率} = \frac{(\text{法人税率} + \text{法人税率} \times \text{法人住民税率} + \text{法人事業税率})}{(1 + \text{法人事業税率})}$$

　オペレーティング・キャッシュフローは、キャッシュフロー計算書の営業キャッシュフローの計算から受取利息・配当金と支払利息の要素を除外したものにほぼ一致します。

────────── フリー・キャッシュフロー (FCF) ──────────

　オペレーティング・キャッシュフローから設備投資などの資本的支出を控除したものがフリー・キャッシュフロー（FCF）です。

> フリー・キャッシュフロー
> 　＝オペレーティング・キャッシュフロー－資本的支出
> 　＝営業利益×（1－税率）＋減価償却費－（純設備投資額＋運転資本増分）

　純設備投資額は以下のように算出します。

> 純設備投資額＝期末固定資産残高（簿価）－期首固定資産残高（簿価）
> 　＋減価償却費＋固定資産除却損＋固定資産売却損－固定資産売却益

────────── ネット・キャッシュフロー (NCF) ──────────

　フリー・キャッシュフローに財務活動によるキャッシュフローを加味

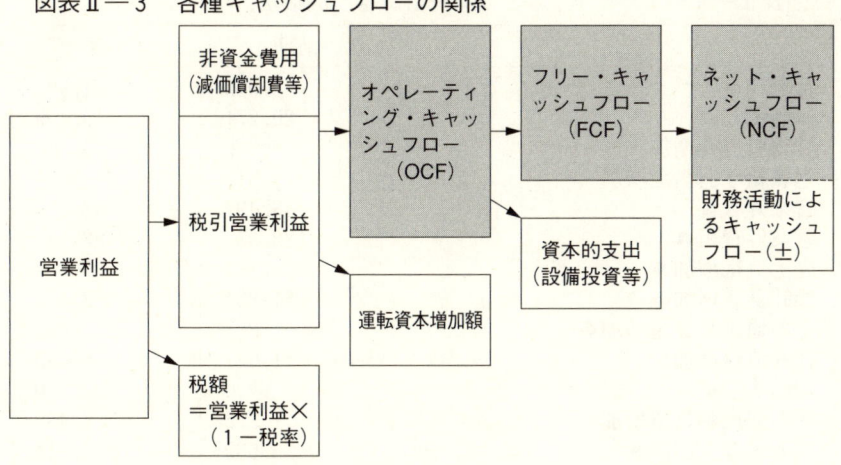

図表Ⅱ—3　各種キャッシュフローの関係

したものを**ネット・キャッシュフロー**（NCF）と呼びます。この財務活動とは、借入、借入金の返済、利息の支払、株式の発行、配当金の支払などです。各種のキャッシュフローの関係を整理したのが図表Ⅱ—3です。

営業キャッシュフロー

　以下では具体的な科目が理解しやすいように、図表Ⅱ—4—1～3としてキャッシュフロー計算書（間接法）を示しながら解説します。先に述べたオペレーティング・キャッシュフローは図表Ⅱ—4—1の営業キャッシュフローに、フリー・キャッシュフローは「営業キャッシュフロー＋投資キャッシュフロー」にほぼ該当します。

　営業キャッシュフローは、キャッシュフロー分析においてもキャッシュフロー経営においても、**最も重要な概念**です。企業が本業部分においてどれだけのキャッシュを稼いだかを示すもので、損益計算書で言えば営業利益に近い存在です。営業キャッシュフローは経常収支と同

図表Ⅱ—4—1　キャッシュフロー計算書（間接法）　　（単位：千円）

	前期	当期
営業利益	22,915	1,999
減価償却費	20,271	19,409
貸倒引当金増加	−5	3,000
退職給与引当金増加	310	14
営業外収益	48,497	43,779
営業外費用▲	22,352	22,445
売上債権増加▲	24,182	7,307
棚卸資産増加▲	61,831	−3,476
その他流動資産増加▲	−883	−631
仕入債務増加	51,021	6,655
割引手形増加	0	0
その他流動負債増加	1,376	−6,456
法人税等支払高▲	6,630	7,914
Ⅰ．営業キャッシュフロー Operating Cash Flow	30,273	34,841
有価証券増加▲	2,292	0
固定資産増加▲	23,402	42,414
特別損失▲	0	0
特別利益	5	0
繰延資産増加▲	0	0
短期貸付金増加▲	0	0
長期貸付金増加▲	0	0
その他固定負債増加	−21	−104
Ⅱ．投資キャッシュフロー	−25,710	−42,518
Ⅲ．フリー・キャッシュフロー Free Cash Flow（Ⅰ＋Ⅱ）	4,563	−7,677
短期借入金増加	28,989	−16,414
長期借入金増加	25,375	−8,630
資本金・資本準備金増加	0	0
配当金役員賞与▲	0	0
Ⅳ．財務キャッシュフロー	54,364	−25,004
Ⅴ．当期キャッシュフロー Net Cash Flow（Ⅲ＋Ⅳ）	58,927	−32,721
現金預金増加	58,927	−32,721

様、基本的には黒字でなければなりません。赤字の場合は本業の営業活動でキャッシュが稼げないということで、企業経営の意義が問われるからです。

融資審査の立場から注意しなければならないのは、損益計算書では黒字を計上していながら、営業キャッシュフローが赤字の場合です。前述のように粉飾決算の可能性があるからです。

営業キャッシュフローと投資キャッシュフローが赤字の場合、事業継続に必要なキャッシュは財務キャッシュフローに頼るしかありません。つまり、(手元資金を取り崩すか) 借入を続けなければ経営が成り立たないという危険な状態です。

投資キャッシュフロー

投資キャッシュフローは、文字どおり、企業の設備投資や有価証券投資など投資活動に伴う資金収支を示すものです。投資キャッシュフローは通常赤字のことが多くなります。企業は事業継続に必要な設備投資を行う必要がありますが、設備投資は額が大きいので、投資キャッシュフローはマイナスになることが多いのです。

図表Ⅱ-4-2	前　期	当　期
有価証券増加▲	2,292	0
固定資産増加▲	23,402	42,414
特別損失▲	0	0
特別利益	5	0
繰延資産増加▲	0	0
短期貸付金増加▲	0	0
長期貸付金増加▲	0	0
その他固定負債増加	−21	−104
Ⅱ．投資キャッシュフロー	−25,710	−42,518

投資キャッシュフローは、営業キャッシュフローとの対比で考える必要があります。投資キャッシュフローの赤字が、**営業キャッシュフローの黒字の範囲内にあれば**一応堅実な状態と言えます。この場合はフリー・キャッシュフロー（＝営業キャッシュフロー＋投資キャッシュフロー）が黒字になります。

もっとも、受注が大幅に伸びてきた結果、生産力増強のために新工場の建設などの大きな設備投資を行えば、投資キャッシュフローを営業キャッシュフローの範囲内に収めるのは難しくなります。当然、フリー・キャッシュフローも赤字になりますが、こうした赤字の良否は**設備投資計画の妥当性やその成果などを含めて総合的に判断**するべきです。

投資キャッシュフローが黒字になっている場合は、**意図的に遊休不動産や有価証券などの資産を売却**していることが多く、その意図や経営方針などをよく吟味する必要があります。営業キャッシュフローが赤字の場合、本業の赤字を補填するために資産の売却に走ったと考えることもできるからです。

財務キャッシュフロー

財務キャッシュフローは、企業の資金調達活動における収支を

図表Ⅱ—4—3	前　期	当　期
短期借入金増加	28,989	－16,414
長期借入金増加	25,375	－8,630
資本金・資本準備金増加	0	0
配当金役員賞与▲	0	0
Ⅳ．財務キャッシュフロー	54,364	－25,044

示すもので、**営業キャッシュフローと投資キャッシュフローを調整**する役割を果たします。営業キャッシュフロー、投資キャッシュフローとも赤字ならば、フリー・キャッシュフローも当然に赤字になります。企業はその不足分を**手元資金を取り崩して補填**するか、**借入金や増資**によって調達しなければなりません。

　健全な企業の場合、財務キャッシュフローの動向は企業の財務戦略を読み取る材料となります。一方、営業キャッシュフローの赤字を財務キャッシュフローで補填している形の企業は**要注意**です。投資キャッシュフローの改善もままならず、本業の赤字（資金繰り）を借入金等によって賄っていることになるからです。

―――――――――――――――― フリー・キャッシュフローの使途

　フリー・キャッシュフローは、営業キャッシュフローと投資キャッシュフローの合計です。

フリー・キャッシュフロー
　＝営業キャッシュフロー＋投資キャッシュフロー
　投資キャッシュフローは通常マイナスなので、計算では営業キャッシュフローに加算する。

　本業による経営活動によって得たキャッシュ（営業キャッシュフロー）から、**企業が存続するために必要な資産投資を行った後に残るのがフリー・キャッシュフロー**です。企業にとってこのキャッシュは自由に使える資金となります。

　企業分析において、企業が事業活動を行った結果、どれだけのキャッ

シュを手にしたかという点に着目し、従来の利益に代えてフリー・キャッシュフローを使って企業を評価する手法があります。企業側にも、フリー・キャッシュフローの拡大を経営目標に置き、企業価値を高めることを目指す動きがあります。これが**キャッシュフロー経営**です。フリー・キャッシュフローは使わなければ企業の手元に残りますが、キャッシュフロー経営の立場からすれば**消極的**という判断になることもあります。キャッシュフロー経営とは**フリー・キャッシュフローの有効な活用**によって企業価値を高めることを目指すものだからです。

　フリー・キャッシュフローの活用法としては、財務体質の改善を目的として、フリー・キャッシュフローを**借入金の返済**に充当するというものがあります。これは現場においてもポピュラーな使途だと思います。上場企業では株主に対する還元を目的として増配や自社株の買入などを行うところもあります。また、新たな事業分野への投資資金としてフリー・キャッシュフローを投入したり、M&Aを実施する資金として活用する企業もあります。このように、フリー・キャッシュフローの使途には、企業の経営の「意図」が反映するのです。

9　フリー・キャッシュフローで見る企業の実態

フリー・キャッシュフローが赤字の意味

　フリー・キャッシュフローが赤字の企業に対して否定的な感想を持つ人がいます。しかし、前述のように大型の設備投資を実施した企業など

第Ⅱ章　財務分析のスタンス—キャッシュフロー分析—

図表Ⅱ—5　フリー・キャッシュフローの赤字

投資CF	営業CF 黒字	営業CF 赤字
黒字	フリー・キャッシュフロー 黒字	パターン② フリー・キャッシュフロー 黒字 or 赤字
赤字	パターン③ フリー・キャッシュフロー 黒字 or 赤字	パターン① フリー・キャッシュフロー 赤字

は投資キャッシュフローが増大しますから、フリー・キャッシュフローが赤字になります。設備投資自体の妥当性を問うなら別ですが、そうした状態にある企業に対して安易に否定的な評価を下すことはできません。ただ、長期的にはフリー・キャッシュフローがプラスでなければ、投資のリターンも発生していないということになります。

営業キャッシュフローと投資キャッシュフローとの関係で、フリー・キャッシュフローの動向を見てみます。フリー・キャッシュフローが赤字の場合、図表Ⅱ—5のように3つのパターンが考えられます。

〈パターン①〉
営業キャッシュフロー……赤字
投資キャッシュフロー……赤字

パターン①は、創業期の企業なら考えられますが、**通常は危険な状態**と言えます。事業継続に必要なキャッシュは財務キャッシュフローに頼らざるをえないので、資金調達力が低下すれば経営が行きづまる可

77

能性が高いからです。

　この場合、**営業キャッシュフローの改善が急務**です。売却可能な資産があれば手放して投資キャッシュフローを黒字にし、本業の立て直しを図ることも検討に値します。

〈パターン②〉
営業キャッシュフロー……赤字
投資キャッシュフロー……黒字

　パターン②は、営業キャッシュフローの赤字を投資キャッシュフローの黒字で賄えない場合です。パターン①で述べた**資産のリストラを実施中**と考えられますが、現状では営業キャッシュフローのマイナスをカバーできていない状態です。本業部門の収支の回復見込みとさらに資産リストラを実施する余地がある否かを見極める必要があります。

〈パターン③〉
営業キャッシュフロー……黒字
投資キャッシュフロー……赤字

　パターン③は、営業キャッシュフローで投資キャッシュフローを賄えない場合です。

　企業が成長期にあり、積極的に設備投資を実施しているときには、こうした状態になることがあります。序章で紹介したタリーズがこのパターンです。単純に悪い状態とは言い切れませんが、**過大投資**になっていないかどうか、検討が必要です。

投資期と回収期

　設備投資案件を検討する場合、簡便法のキャッシュフロー（内部創出資金）で回収期間を計算することがあります。簡便法のキャッシュフローにせよ、フリー・キャッシュフローにせよ、**将来のそれを予測するのは非常に難易度が高く**なります。この点は、設備投資案件の審査に共通する難しさとも言えますが、**過去のキャッシュフローの推移を分析**することで、企業の戦略性や経営能力を評価することも可能です。

　投資期にある企業のフリー・キャッシュフローは赤字になることが多くなります。そこで、キャッシュフローの過去の推移を分析し、企業にヒアリングすることで、その企業が現在**投資期**にあるのか、あるいは**回収期**にあるのかを判断します。投資期に投資されたフリーキャッシュフローは、投資効果が発揮される回収期において**営業キャッシュフローによって回収**されなければなりません（図表Ⅱ―6参照）。フリー・キャッシュフローの、過年度の推移を分析することによって、設備投資後に投資効果が発揮されて、営業キャッシュフローが改善しているかなどを確認することで**企業力を評価**します。将来を予測することは難しいことですが、過去の経営活動のプロセスを分析して、現時点の経営力を評価することは融資の安全性の観点からは重要なことです。

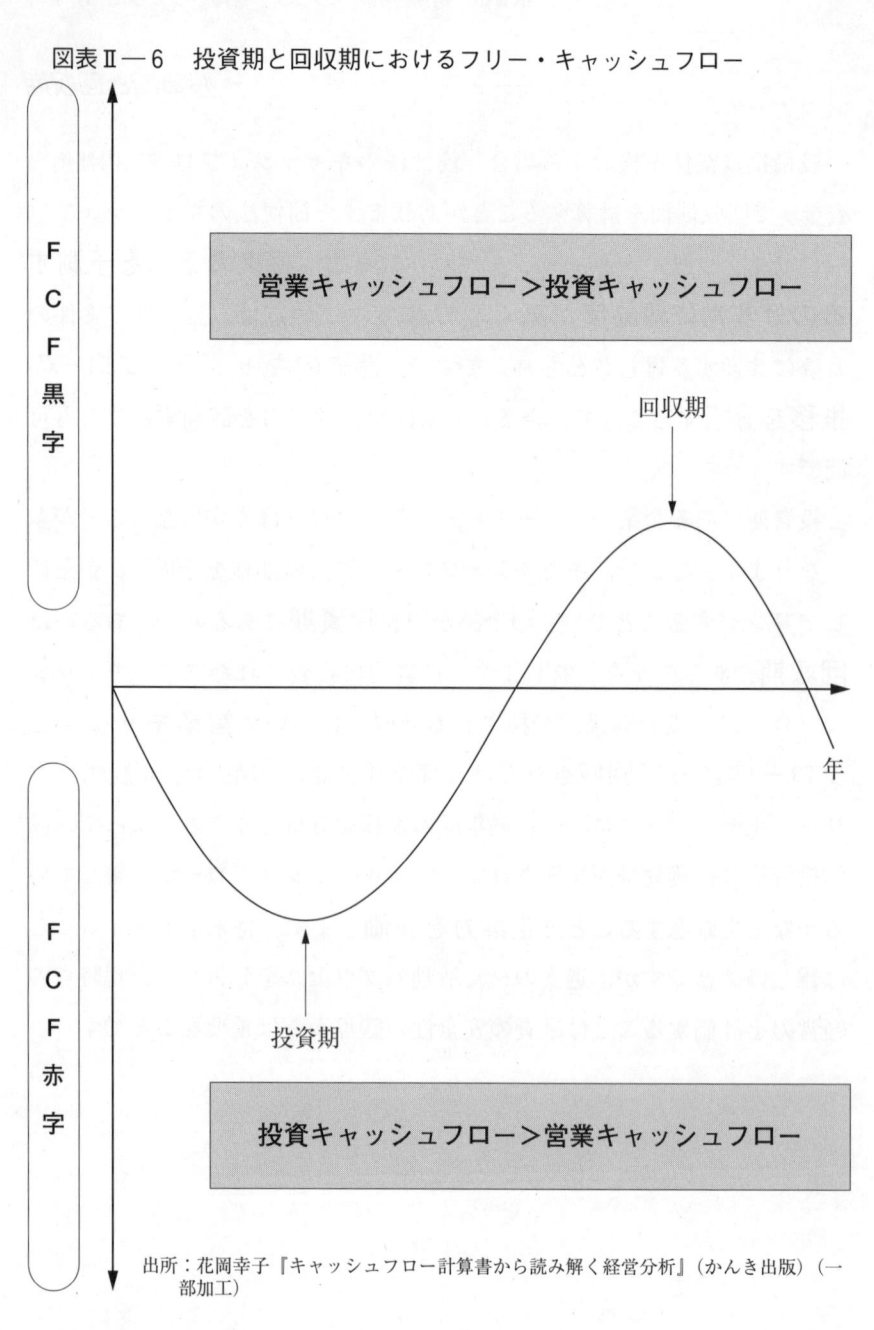

図表Ⅱ—6　投資期と回収期におけるフリー・キャッシュフロー

FCF黒字

営業キャッシュフロー＞投資キャッシュフロー

回収期

年

投資期

FCF赤字

投資キャッシュフロー＞営業キャッシュフロー

出所：花岡幸子『キャッシュフロー計算書から読み解く経営分析』（かんき出版）（一部加工）

第Ⅱ章 財務分析のスタンス―キャッシュフロー分析―

10 キャッシュフローを利用した安全性の分析指標

ここではキャッシュフローによる安全性の分析指標について述べます。

―――― 営業キャッシュフロー対流動負債比率 ――――

$$\frac{\text{営業キャッシュフロー}}{\text{流動負債}} \times 100$$

　この比率はキャッシュフローを利用した当座比率です。当然、高いほど安全性は高くなります。

　当座比率（当座資産÷流動負債×100）の弱点は、分子の当座資産の中の売掛金や受取手形が増加すると、比率は高まっても必ずしも安全性が向上したとは言えないことです。売掛金や受取手形はビジネスリスクを有しているからです。また、企業が売上を伸ばすために押込み販売をしても、この売掛金や受取手形は増加しますが、**キャッシュフローの面ではマイナス効果**になります。その点も加味している営業キャッシュフローを使って、流動負債に対する支払能力を見るのがこの指標です。**当座比率の弱点**を補うものと言えます。

―――― キャッシュフローによるインタレスト・カバレッジ・レシオ

$$\frac{営業キャッシュフロー＋受取利息・配当金}{支払利息・割引料}$$

　インタレスト・カバレッジ・レシオの分子に、営業キャッシュフローを利用した指標で、単位は倍です。

　キャッシュフローを利用した比率全般に言えることですが、**支払能力をダイレクトにみるためには、損益項目よりもキャッシュフローを利用するほうが有効性が高くなります。**

―――― キャッシュフロー比率（長期有利子負債比率）

$$\frac{営業キャッシュフロー}{長期有利子負債} \times 100$$

　長期有利子負債残高を営業キャッシュフローでカバーしている割合を示す比率です。当然、比率が高いほど長期債務の支払能力は高いと言えます。

　この比率の**逆数**は、キャッシュフローで長期負債を**返済するために何年を要するか**を示すことになります。「利益償還」という言葉の不正確さについては本章の3.若手行員は収益を重視(?) のところで述べました。本来負債の返済財源はキャッシュですから、営業キャッシュフローを用いるほうが適切と言えます。

第Ⅱ章 財務分析のスタンス―キャッシュフロー分析―

$$\frac{長期有利子負債}{営業キャッシュフロー}　（単位：年）$$

――――――――――――――――――――――――― *設備投資比率*

$$\frac{設備投資額}{営業キャッシュフロー} \times 100$$

　設備投資額がどの程度営業キャッシュフローでカバーされるかを示す指標です。

　比率は低いほうが望ましいことになります。この比率が100％を上回る場合、投資キャッシュフローの段階で資金繰りを調節していなければ、手元資金の取崩しか、借入など資金調達が必要になります。増産投資など大型の設備投資を除けば、基本的には設備投資は営業キャッシュフローの範囲で賄うことが望ましいと言えます。

――――――――――――――――――――――――― *投資比率*

$$\frac{投資キャッシュフロー}{営業キャッシュフロー} \times 100$$

　設備投資比率は対象を設備投資額に限定していましたが、営業キャッシュフローと投資キャッシュフローの関係を総合的に見る指標が投資比

率です。**投資キャッシュフローを営業キャッシュフローでどの程度カバーしているかを示す指標**で、この比率が100％を超える場合、フリーキャッシュフローがマイナスになります。投資意欲が旺盛な企業は資金ニーズが発生する可能性が高いですが、安全性との兼ね合いで十分な吟味が必要です。この指標はそうした点を確認するためにも利用されます。

11 キャッシュフローと融資審査

融資審査の現場においてキャッシュフローの考え方は、資金移動表や経常収支という形で従来からも存在しました。しかし、会計制度の変更などによって企業側に**キャッシュフロー経営の重要性**が高まった**結果**、金融機関の対応も変化を迫られています。同じ資金収支の範疇に入るとはいえ、経常収支とキャッシュフローとでは分析の視点がやや異なります。経常収支が主に支払能力（資金繰りの状態）を吟味するために用いられるのに対し、キャッシュフロー、なかでもフリーキャッシュフローを中心とした分析は、企業の投資戦略や企業価値の測定などに用いられる幅の広さを有しています。

両者は類似した概念ですが、会計制度という後ろ盾を有するキャッシュフローが、**今後の融資審査における主流**になると思われます。

〈補論１〉平均値に対する幻想──平均年齢20歳の女性に会いたい──

１．平均年齢20歳の女性たち

第Ⅱ章 財務分析のスタンス―キャッシュフロー分析―

> 室内に「3人の女性がいて、その平均年齢が20歳だ」と聞いたら、たいていの人はハタチ前後の若い女性が3人いる様子を思い浮かべると思います。しかし、部屋には「60歳の女性と生まれたばかりの女の赤ちゃんがふたりいる」ということもありうるのです。

このように元のデータに「ばらつき」が大きい場合、平均値は「標準値」として見ることができません。財務分析において対象企業のデータを業界平均値と比較する場合は、この点に注意する必要があります。評価の基準となる平均が「標準値」としての性格を有していなければ、分析の前提基準が崩れてしまうからです(歪んだモノサシを使っても正しい長さは測れません)。

データの「ばらつき」は分散や標準偏差で測ります。分散とは各データの「偏差」(平均値からの隔たり)の2乗の平均です。こう書いてもわかりにくいと思いますので、図表Ⅱ―7―1、2を参照してください。

図表Ⅱ―7―1

	年齢	偏差の計算式	偏差	偏差の2乗
女性1	60	60−20=	40	1,600
女性2	0	0−20=	−20	400
女性3	0	0−20=	−20	400
合計	60		合計	2,400
平均	20		平均(=分散)	800

図表Ⅱ―7―2

	年齢	偏差の計算式	偏差	偏差の2乗
女性1	19	19−20=	−1	1
女性2	20	20−20=	0	0
女性3	21	21−20=	1	1
合計	60		合計	2
平均	20		平均(=分散)	0.67

＊偏差＝各女性の年齢－平均
＊図表Ⅱ―7―1の女性2と3は新生児

図表Ⅱ―7―1が冒頭の例の分散(=800)を計算したものです。図

表Ⅱ―7―2は偏差が小さい場合の分散（＝0.67）で、一般的なイメージどおりに若い女性が3人そろっています。分散は計算過程からわかるように2乗の単位を持ちます。この平方根を「標準偏差」と言います（したがって、標準偏差は元のデータと同じ単位を持ちます）。図表Ⅱ―7―1の標準偏差は28.3（＝$\sqrt{800}$）で、図表Ⅱ―7―2のそれは0.82（＝$\sqrt{0.67}$）です。証券投資においては、株式の月次収益率の分散あるいは標準偏差によってリスクを測ります。収益率の平均値（期待収益率）が同じでも、分散（標準偏差）が大きい銘柄はリスクが高いと考えるのです。

　よくは知らないのですが(!?)、盛り場では冒頭の例のように「若い女性がいる」と偽って顧客を誘う店があるそうです。こういう場合の正しい対応は、店にいる女性の平均年齢を聞くとともに、分散か標準偏差を確認することです。図表Ⅱ―7―1よりも図表Ⅱ―7―2の場合のほうがリスクが少ないことは明白です（この事例は、男性が多い研修で使うと、なぜか理解が非常に早くなります）。

2．平均値と理想値

　以上は平均に対する知識の問題ですが、比較分析などにおける平均値に対する考え方の問題があります。講師を担当する研修で以下のような事例を出すことがあります。

〈A社〉

1人当たり売上高＜業界平均値

1人当たり人件費＞業界平均値

売上高増加率・利益率とも低下傾向である。

　この事例に対してコメントを求めると、「A社は生産性が低いので、

人件費（または従業員）の削減によって1人当たり人件費を業界平均値まで下げる必要がある」という意見が多数を占めます。第Ⅰ章で述べたパッチワーク発想です。企業や従業員にとって、人件費・人員削減がどんなに痛みを伴うものかということについて配慮がなく、その実施に至るプロセスを無視しています。企業分析の本来のスタンスからすれば、まず売上高や利益率が低下している原因を探ることを優先しなければなりません。

また、平均値を「理想値」あるいは「最善値」としてとらえて短絡的に分析している点が問題です。こうしたコメントを書く人は、多くの企業が平均以上を目指したら、業界平均値そのものが上昇するということを意識していません。分析的思考の有無に関わることですが、比較するデータがあったとしても、比較した結果がそのまま問題の解答になるわけではありません。

平均とはデータ全体の重心（バランス・ポイント）で、あくまでも目安の値にすぎません。人口重心という概念があります。国民一人ひとりが同じ重さを持つと仮定して、国内に分布している人口を1点で支えてバランスする点、人口の分布の偏りを集約した形で知るために用いられる「抽象」の点です。岐阜県武儀郡武儀町（長良川鉄道半在駅の東南約3km）が日本の人口重心です（2000年国勢調査結果）。人口重心を見て、武儀町周辺が日本の「典型的な居住地」とは言えませんし、そもそもそんな表現自体が成立しません。

サイコロの目の平均値は3.5ですが（確認してみてください）、サイコロを何百回振っても3.5という目は絶対に出ません。いくら盛り場を歩き回っても、「平均年齢20歳の女性」には絶対に出会えないのです。

〈補論2〉比較分析の留意点

　比較分析において標準値として利用する経営指標についても留意点があります。中小企業の経営指標には中小企業庁や国民生活金融公庫が発行するものなどがありますが、これらの経営指標は業種によってはサンプル数（調査対象企業数）が少なすぎることです。サンプル数が少ないと指標（平均値）の信頼性が低くなりますから、比較分析を行う場合はこの点に注意する必要があります。業種によっては業界団体が発行する資料のほうが有効なことがあります。例えば、スーパーマーケットの経営指標としては、日本セルフサービス協会発行のものが質・量ともに充実しています。

　比較分析の手法として代表的なものが、時系列比較法とクロスセクション法です。

　時系列比較法は、同一企業の数期間の財務諸表を比較分析することで、期間比較法とも呼びます。それならいつも行っているという声が上がりそうですが、「売上高総利益率が年々低下している」など、単に分析指標の推移をチェックしているだけのことが多いようです。時系列分析においては比較する時点や時期が異なるため、景気動向や産業界のイベントなど外部環境要因の変化による財務指標への影響を考慮する必要があります。この外部環境要因の分析は、マーケティング分析とも共通する部分です。

　クロスセクション法とは、対象企業と同一あるいは類似する事業を行う他社と、時点・期間を揃えて比較分析する方法です。同業者と同一時点・期間で比較すれば、経済環境、産業動向など外部環境要因の変化は共通の要素として捨象することが可能になります。

第Ⅱ章　財務分析のスタンス―キャッシュフロー分析―

　小売業のトップアナリストである松岡真宏氏は、ダイエーとイトーヨーカ堂を比較して以下のように分析しています。

　「大手スーパー各社の売場面積1平方米当たりの販管費を見ると、ダイエーが最も低く、イトーヨーカ堂が最も高い。しかし、売場面積1平方米当たりの売上高を見ると、イトーヨーカ堂が最も高く、最終的な売上高販管費比率はイトーヨーカ堂が最も低くなっている。ダイエーやジャスコはローコストを意識しすぎ、コスト削減を上回る売上不振を招き、売上高販管費比率を上昇させてしまったといえる」出所：『小売業の最適戦略』（日本経済新聞社）

　同氏はまず、イトーヨーカ堂の「高コスト体質」を指摘したうえで、ダイエーとイトーヨーカ堂の資本投入効果（パフォーマンス）を分析しています。引用文以下、両社の戦略・戦術の違いについて記述しており、最終的には「コストをかけて売上を伸ばす」というイトーヨーカ堂の「強み」にまで言及しています。比較分析の好例だと思います。

第III章 マーケティングの基礎知識

1 What is Marketing?

―――――――――――― マーケティングに対するイメージ

　マーケティングはなんとなく人気がある分野です。後輩の中小企業診断士や社会経済生産性本部の経営コンサルタントの有資格者たちに聞くと、「マーケティングをやりたい」と言う人がかなりいます。人によってはマーケティングを「マーケ」と親しみをこめて（？）呼ぶ人もいます（個人的にはこの呼び方が嫌いですが……）。

　若手の職員を対象としたマーケティングに関する研修の反応を見ても、概して若い人にはマーケティングの人気が高いようで、「なんとなくカッコイイもの」ととらえているようです。研修でマーケティングについて受講者に語らせると実にさまざまな意見が出ますが、総じて彼らは、マーケティングというとテレビのCMに代表される広告代理店による「プロモーション」や市場調査などをイメージするようです。

　マーケティングは**非常に幅の広い**概念です。広告代理店のプロモーションや各種のリサーチももちろんマーケティングの一部ですが、そうした面からだけでマーケティングをとらえることはかなり近視眼的な見方です。第Ⅰ章でも述べたように、現代のマーケティングは「戦略的マーケティング」（Strategic Marketing）とも呼ばれ、**企業の経営活動とほぼ等号**で結ばれるものです。戦略的マーケティングとマーケティング・マネジメントについても第Ⅰ章で述べましたが、改めて整理しておきます。

①**戦略的マーケティング（Strategic Marketing）**

企業の経営機能全体を市場環境に適応させる方向付けを行う役割を担うもので、経営戦略と表裏一体化しているマーケティングです。

②**マーケティング・マネジメント**

経営戦略（戦略的マーケティング）の下位概念で、個々の製品レベルでの対市場活動を展開するための基本的枠組みを提供する伝統的なマーケティング・パラダイムです。主に営業部門を中核として展開します。

マーケティングは一般的にマーケティング・マネジメントのレベル（戦術レベル）で語られることが多いのですが、現代のマーケティングは戦略的マーケティングが主流です。戦略的マーケティングは「経営戦略と表裏一体化」するため抽象性が高くなります。この点を押さえておかないと、「戦術的には正しいが戦略的には間違っている」ということがしばしば起こります。

マーケティングとマーケッティング

山田英夫氏の『ビジネス版 悪魔の辞典』に「マーケッティング」という項目があります。

> ［マーケッティング］マーケティングの概念が普及していない会社での呼び方。小さい「ッ」が入るのが特徴。なお発音する時に、「ケッ」にアクセントがある。ある古い上場企業の役員が、「我が社は去年からマーケッティングを導入しました」と話されたので、「一昨年までは物を売っていなかったのですか」と聞き返そうとしたが、「売る前に市場調査をするようになった」というのが事実であった。市場調査をマーケ

ッティングと考えている企業も、まだある。ちなみにこの会社では、フレックスタイムの導入という名目で、二交替制を導入した。

出所：山田英夫『ビジネス版　悪魔の辞典』(メディアファクトリー)

　出所が『悪魔の辞典』ですから、かなり皮肉なスパイスが効いた文章ですが、マーケティングを「マーケッティング」と呼ぶかどうかで、相手のマーケティングに対する理解度がある程度は測れると思います。横浜駅の西口にある某書店の棚には「マーケッティング」と書いたプレートが貼ってあります。品揃えはよいのですが、その店ではどうもマーケティングの本を買う気になりません。ちなみに、マーケティングに対する理解度を測る個人的なリトマス試験紙としては、「チャネルをチャンネルと呼ぶか」というものもあります。

マーケティングの歴史

①メイド・イン・USA

　マーケティングは20世紀初頭のアメリカに誕生しました。和田充男・恩蔵直人・三浦俊彦氏の『マーケティング戦略』(有斐閣)によると、マーケティングという言葉が初めて使われたのは、1902年のミシガン大学の学報だったそうです。1910年までには、ペンシルバニア大学とウィスコンシン大学で、マーケティングという言葉を冠した講座が開設されました。

　マーケティングの研究がアメリカにおいて盛んになったのは、アメリカの地理的・経済的条件がそれを必要としたという背景があったからです。ゴールド・ラッシュや西部開拓を経て、東海岸から西海岸に至る全米大陸的な市場が誕生し、西の農村地帯から東の都市部への農産物の供

給が社会的に重要な問題となり、マーケティングはまずマクロ的な「流通」というテーマからスタートしたのです。

　その後、産業革命に端を発した工業生産の活発化によって大量生産が可能になり、マーケティングのテーマは製品の生産・販売関連へと変化していきました。初期の大量生産体制の有名な事例が、1906年に生産を開始した「T型フォード車」です。大量生産した製品をどのように（効率的に）消費者に販売するかが企業のテーマになりました。マーケティングはマクロからミクロ的なスタンスに転換しました。これがマネジリアル・マーケティング（Managerial Marketing）です。

②マーケティングの日本上陸

　マーケティングが日本に輸入された時期はとてもはっきりしています。1955年に日本生産性本部（現・社会経済生産性本部）のアメリカ視察団が帰国し、羽田空港における記者会見において、視察団の団長である石坂泰三氏（経団連会長、当時）が次のようにコメントしました。

　「アメリカにはマーケティングというものがある。わが国もこれからはマーケティングを重視すべきである」（注1）

　それまで、20世紀初頭のアメリカのように商品学・配給論などと銘打って細々と研究されていた学問が、マーケティングというネーミングを得て一気に日本市場に普及しました。先の視察団が帰国した翌年（1956年）には、早くもマーケティング特別視察団がアメリカに派遣されました。

　消費者の製品に対する知覚（イメージ）を修正して、新たな（以前よりも大きな）市場を開拓することを「製品の再配置」と言います。ジョンソン＆ジョンソンはベビーオイルやシャンプーなどのベビー用品を大人のためのケア製品として再配置することに成功しました。サッカーと

いうスポーツも日本リーグからJリーグに転換して大きな市場を開拓しました。これも再配置の成功例だと思います。

　日本におけるマーケティングも、先の視察団の報告によって、それまでの「流通経済論」的なポジショニングから、企業経営における重要な概念として見事に再配置されたという感じがします。以来、マーケティングは産業界において日常的に使用される用語となっていますが、「マーケティングとは何か」という質問に端的に答えられる人は意外に少ないのが現状です。

（注1）この記者会見の時、石坂氏が「マーケッティング」と言ったのではないかと思い、この視察団について書かれた東畑精一氏の『アメリカ資本主義見聞記』（岩波新書・絶版）を、神田神保町まで行って見つけたのですが、結局、わかりませんでした。

2　マーケティングの定義―売れる仕組みづくり―

　マーケティングの定義にはさまざまなものがありますが、ここではアメリカ・マーケティング協会（AMA）、日本マーケティング協会（JMA）、フィリップ・コトラー、それぞれによる定義を紹介します。ご存知の方も多いと思いますが、フィリップ・コトラーは「マーケティングの神様」と呼ばれる学者です。

AMAの定義（1985年）

> マーケティングは個人や組織の目的を満足させる交換を創出するためのアイデア、財、サービスの概念形成、価格設定、プロモーション、流通を企画し、実行する過程である。

この定義は1965年の旧定義を全面改訂したもので、マーケティング・パラダイムの大きな変化を反映したものです。このパラダイムの変化については後で述べます（100頁）。

> JMA の定義（1990年）
> マーケティングとは、企業および他の組織がグローバルな視野に立ち、顧客との相互理解を得ながら、公正な競争を通じて行う市場創造のための総合的な活動である。

JMA の定義は、AMA の定義を踏まえて、マーケティングが今日の社会において果たしている意味を盛り込むという意図に基づいています。

> フィリップ・コトラーの定義（1991年）
> マーケティングとは、価値を創造し、提供し、他の人々と交換することを通じて、個人やグループが必要とし欲求するものを獲得する社会的、経営的過程である。

個人的にはコトラーの定義が一番しっくりくるのですが、「価格設定」「プロモーション」「流通」などの基本的なマーケティング用語が使われている AMA の定義のほうが一般的にはわかりやすいかもしれません。
社会科学を学ぶ立場としては、定義を確実に押さえることが必要です

が、定義を構成する各種の概念を理解していないと、定義だけを読んでもほとんど理解できないと思います。マーケティング関係の研修の講師をした経験からすると、こうした定義を読むよりもマーケティングを「セリング（selling）」と対比して考えるほうが、感覚的なレベルではあっても受講者の理解が早いようです。

3 ピーター・F・ドラッカーの慧眼

―――― マーケティングとセリング

「マーケティングはセリングを不要にするものである」（"Marketing is to make selling unnecessary."）という**ピーター・F・ドラッカー**の有名な言葉があります。この場合のセリングは、hard-sell（押し込み・押し売り）といった意味です。金融界では歩積両建まがいの預金セールスやベッグセールスがこれに当たるかもしれません。

マーケティングはセリングとしばしば**混同**されてきました。実際にはどんなにマーケティングが優れていてもセリングがまったく不要になることはありませんが、ドラッカーの言葉はマーケティングが「売り込む前にいかに**売れる仕組みを作るか**」に重点を置いていることを示しています。個人的には、マーケティングを「売れる仕組みづくり」とシンプルに定義しています。

マーケティングとセリングの違いを対比したものが図表Ⅲ—1です。

図表Ⅲ—1からわかるとおり、セリングの本質は「今日の糧を稼ぐためにアクション中心に顧客に売り込むこと」です。目的は文字どおり「売

図表Ⅲ—1　マーケティングとセリングの違い

セリングの機能	マーケティングの機能
・売り込み	・売れる仕組みづくり
・アクション中心	・頭脳中心
・今日の糧を得る	・明日の糧を準備する
・収穫をする（コスト発想）	・成長の種をまく（投資発想）
・日常業務型	・未来戦略型
・今日の効率(output/input)を問う	・明日の効果(市場への適合)を問う

出所：嶋口充輝『顧客満足型マーケティングの構図』（有斐閣）

り込み」ですから、まず顧客を訪問するなどの「アクション」が優先されます。その結果、顧客から対価としての「今日の糧」が得られるわけです。

――――――「見る前に跳ぶ」―行動性重視の組織体質―

　図表Ⅲ—1を見ると、規制時代の金融界がセリング志向であったことがよくわかりますが、**現在でも事情は**あまり変わっていないと思います。第Ⅰ章で、金融界について「行動性重視の組織体質」があると述べましたが、これは金融界に限らず日本企業の特性のひとつでもあります。綿密な調査を行い、戦略を策定してから行動するのではなく、まず着手し、実行しながらその過程で戦略・戦術を考えるというスタイルです（「見る前に跳ぶ」わけです）。**「根回し」**など日本企業独特の組織風土の存在もありますが、本質的にはトップのリーダーシップや先見性に依存した経営スタイルです。高い実行力・戦闘力を持つ組織がこのスタイルを支えており、環境的には高度経済成長がこうした経営を可能にしていました。

　この行動性を重視した日本的経営を「戦略的でない」という理由で短絡的に否定することはできません。戦後の日本は世界に冠たる企業をい

くつも生み出してきたからです。戦略理論では一日の長がある欧米の学会や実業界が、熱心に日本的経営の研究を行ったこともまだ記憶に新しいところです。

ただ、金融界について言えば、この「行動性重視の組織体質」(アクション中心)に、「効率発想」(今日の効率を問う)が悪い意味でリンクしてしまったのがバブル経済の時期でした。この未曾有の好景気の時代に、融資審査の要諦が顧客の支払能力、返済能力の見極めから借入能力―担保提供能力―の有無に移行しました。綿密な分析を行ってアプローチや審査の段階で企業の問題点を把握し、あらかじめ融資のリスクを回避するより、とにかく実行して問題が起きてから対処を考えるという「効率」発想が優先してしまったのです。後者の方が本当に効率的かどうかは疑問ですが、行動性を重視する組織体質からすれば、少なくとも前進しているという満足感は得られたわけです。

行動性重視の金融機関が行動性重視の企業を審査するという構図の中では、マーケティング分析という視点が希薄になるのも当然かもしれません。

4 マーケティング・パラダイムの変遷

マーケティングの概念は、20世紀初頭にアメリカで発生して以来、「流通」や「販売」など数次の変遷を経てきました。もっとも大きな変化は、1985年にアメリカ・マーケティング協会(AMA)がマーケティングの定義を「刺激―反応パラダイム」型(旧定義)から先に紹介した「交換

パラダイム」型（新定義）へ転換したことです。

AMAの定義—旧定義—（1965年）
　マーケティングは、財とサービスの流れを生産者から最終ユーザーに方向づける全ビジネス活動である。

⇩

AMAの定義—新定義—（1985年）
　マーケティングは個人や組織の目的を満足させる交換を創出するためのアイデア、財、サービスの概念形成、価格設定、プロモーション、流通を企画し、実行する過程である。

　金融界でマーケティングが本格的に議論されるようになったのは1990年代に入ってからのことで、1985年のこのパラダイムの転換はほとんど無縁のことでした。そのためか、金融機関の体質は依然として「セリング」志向であり、マーケティングで言えば旧パラダイムに属していると言えます。マーケティング分析を行うためには、融資担当者自身が各パラダイムを理解し、旧パラダイムからまず脱却する必要があると思います。

── *旧定義：「刺激—反応パラダイム」—ビートルズはなぜ売れたか*──

　「刺激—反応パラダイム」とは、売り手が買い手に対して広告や販促活動によって**販売刺激を与えて、買い手の反応を引き出す**という考え方です。ここでは買い手は主体性を持たない受動的な存在として見

なされます。

ロック評論家の渋谷陽一氏が唱える「スーパースター穴ぼこ論」という説があります。ロック界のスーパースターは市場の大きな欠落部分の反映であるという説です。

> 代表的なスーパースターであるビートルズが音楽だけでなく、文化、風俗など多方面にわたって影響を与えるような巨大な存在になった、つまり全体性を獲得できたのはビートルズ登場以前の市場の「穴ぼこ」がそれだけ巨大だったからである。ビートルズ以後、音楽的に彼ら以上に優れた作品を発表したアーティストはたくさんいた。しかし、ビートルズのように全体性を獲得するに至らなかったのは、市場の欠落部分がすでに充足されており、小さな「穴ぼこ」しか存在しなかったからである。

以上が「スーパースター穴ぼこ論」の概要です。ロックミュージックなど聞かないという人が多いかもしれませんが、この説はマーケティングの観点から見ても妥当性があります。スーパースターが登場するような大きな欠落がある市場を**「大衆市場」**と言います。

日本では1950年代から高度経済成長期までの時代が典型的な大衆市場の時代でした。「三種の神器」と呼ばれる家電製品(洗濯機・冷蔵庫・テレビ)や、３Ｃ(自動車・カラーテレビ・クーラー)という大型製品が売れました。これらの製品はそれまで日本の消費者の生活には存在しないものでした。若い人にはこうした事実が実感としてわかりにくいのですが、当時の市場には全国民レベルの欠落(大きな「穴ぼこ」)が存在したのです。

図表Ⅲ―２が大衆市場の概念図です。長方形の中の円はニーズを表し

図表Ⅲ—2　大衆市場

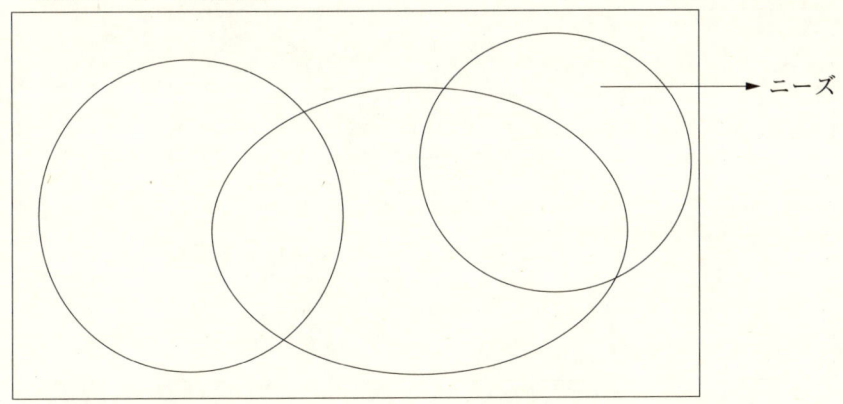

→ニーズ

ています。大衆市場には、単一ニーズの消費者、例えば「マイカーの未所有世帯」があふれています。当時のモノ・サービスのニーズのキーワードは「持てる」であり、金融ニーズは「貯める」でした。消費者はまずお金を「貯めて」、車やテレビを「持ちたい」と考えていました。車の普及率が低く、消費者の行動範囲が狭かった時代、女性が家にいた時代です。

この時代には渉外係による集金・訪問セールスは有効な販売チャネルでした。信用金庫の主力商品である定期積金が真にリアリティを持っていたのもこの時代で、渉外担当者の研修においては**「貯蓄ニーズの覚醒」**というフレーズが使われていました。こうした大衆市場においては「刺激—反応パラダイム」が有効だったわけです。

―――――――――――――――**「交換パラダイム」**―分衆市場―

「刺激—反応パラダイム」に対して「交換パラダイム」においては、**売り手（企業）と買い手（顧客）が対等の関係に置かれます。**顧客は企業が提供する商品・サービスに対して支出する対価以上の価値を

図表Ⅲ—3　分衆市場

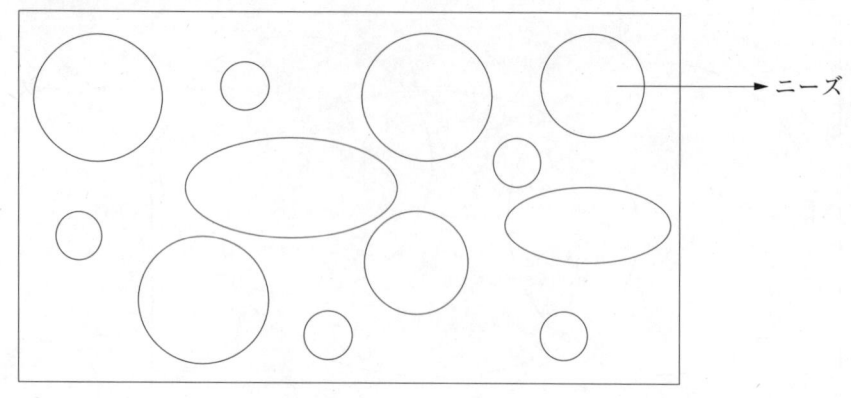

　　　　　　　　　　　　　　　　　→ ニーズ

　見出し、企業は提供する商品・サービスよりも顧客から受け取る対価のほうが大きいと認識します。それゆえに交換が成立し、売り手と買い手は交換が成立する以前よりも大きな価値を享受することになります。これが「交換パラダイム」です。

　「交換パラダイム」は、「大衆市場」から**「分衆市場」**への市場構造の変化を背景に登場したものです。

　図表Ⅲ—3が分衆市場の概念図です。1970年にビートルズが解散し、やがて高度経済成長が終わりました。「貯める」や「持てる」というニーズが充足されて、「大衆市場」は「分衆市場」に変化を始めました。ニーズの多様化です。キーワードは「殖やす」や「使える」に変わり、マーケティングは商品の付加価値を競う時代になりました。受動的だった（受動的だと見なされていた）**顧客（買い手）の嗜好を考慮**する必要が生じてきたのです。

　企業の存続は、いかに**環境との適合**を図るかにかかっています。マーケティング戦略を策定する場合、あるいは企業のマーケティングを分析する際には、この「大衆市場」から「分衆市場」への市場構造の変化を

第Ⅲ章　マーケティングの基礎知識

図表Ⅲ—4　顧客ニーズの変化

	生活ニーズ	金融ニーズ	モノ・サービスニーズ
1960年代	豊かになる（豊かさ達成）	貯める	持てる
1970年代			
1980年代	「豊かさ達成」↓豊かさの持続	殖やす	使える
1990年代	豊かさの享受	活用する	楽しめる

出所：大田弘子『金融システム　生活者ニーズ生かせ』（日本経済新聞1988年8月31日）より加工

念頭に置く必要があります。分衆市場がクローズアップされたのは1980年代の中頃（注2）ですが、金融界においては金融ビッグバンのスタートまで政策的に「大衆市場」の時代が続いていたと言えるかもしれません。

　図表Ⅲ—4は市場構造の変化を顧客ニーズのキーワードの変遷で表したものです。1988年に書かれた論文をベースにしたものですから、90年代のキーワードは今から見るとかなり楽観的な感じがしますが、90年代前半までのトレンドは的確に捉えています。また、80年代後半から各種のニーズが複合化していくという視点は、現在にもあてはまるものだと思います。

　経営者にも相変わらず旧パラダイムや古いキーワードで経営を考えている人がいます。こうした点を見極めることが、マーケティング分

図表Ⅲ—5　市場における競争者のタイプ

タイプ	特　徴
リーダー (Leader)	市場内で最大シェアを有する存在。 戦略の基本方針は全方位対応型のフルカバレッジ。
チャレンジャー (Challenger)	リーダーの地位を狙って挑戦していく存在。 一般にはシェアで2、3番手に位置している。 戦略の基本方針はリーダーとの差別化。
ニッチャー (Nicher)	市場の適所を探りだし、市場の隙間（ニッチ）ともいうべきその特殊市場に特化し、圧倒的な地位を築こうとしている存在。 戦略の基本方針は特化・集中。
フォロワー (Follower)	基本的にリーダーやチャレンジャーが遂行する戦略の優れた部分を模倣することによって市場内にいる存在。 戦略の基本方針は模倣。

析における経営者の評価につながります。

（注2）「分衆」という言葉は、1985年に博報堂が提唱したものです。偶然ですが全米マーケティング協会がマーケティングの定義を交換パラダイム型に変えたのと同じ年です。ただし、ニーズの多様化はそれ以前から指摘されていました。象徴的にはジョン・レノンが死んだ1980年で大衆市場の時代は終わったと考えています。なお、小林信彦氏の『現代死語ノートⅡ』（岩波新書）によると、「分衆」の他に「少衆」（電通）や「超大衆」「階衆」など用語があったそうです。「少衆」は覚えていますが、「超大衆」「階衆」は記憶にありません。

市場における競争者のタイプ

　戦略的思考、戦略策定の出発点は**分析**です。企業（経営者）は内外の

第Ⅲ章 マーケティングの基礎知識

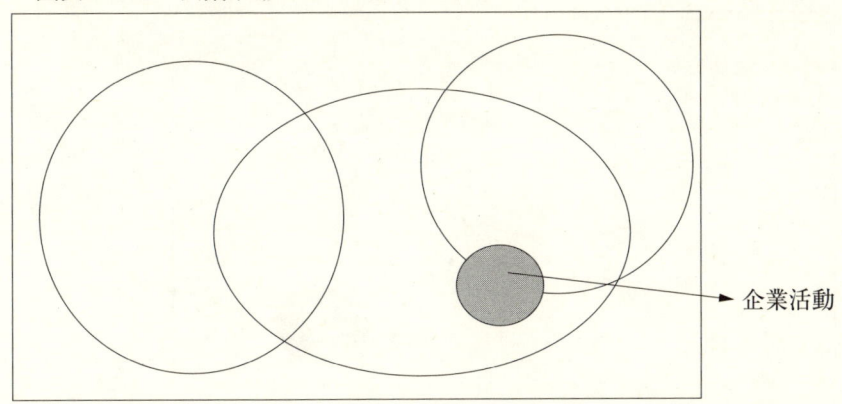

図表Ⅲ—6　大衆市場における企業のポジショニング

　　　　　　　　　　　　　　　　　　　　　　→ 企業活動

　環境や競合環境の分析を通じて自社の本質的な問題点を抽出します。そして、**企業の方向性（戦略）を決定**していきますが、戦略を策定する、あるいは分析するためには、企業のマーケットにおけるポジショニングを確認する必要があります。**競争者のタイプ**によって戦略の基本的な方向性が決まるからです。図表Ⅲ—5は市場における競争者のタイプを表したものです。

　市場規模が成長を続ける「大衆市場」においては、それほど戦略的な発想は要しません。リーダーの戦略を見て追随するフォロワー戦略（模倣）でもある程度の成果は得られます。綿密に自社のポジショニングを行わなくても、図表Ⅲ—6のように市場ニーズとミスマッチする危険が少ないからです。

　しかし、ニーズが多様化した「分衆市場」で安易なポジショニングやターゲット設定を行うと、**市場ニーズとミスマッチ**を起こしてしまいます（図表Ⅲ—7参照）。基礎体力が乏しい中小企業（または先見性を欠くトップが率いる企業）が、「見る前に跳ぶ」という行動性重視の経営

図表Ⅲ—7　分衆市場における企業のポジショニング

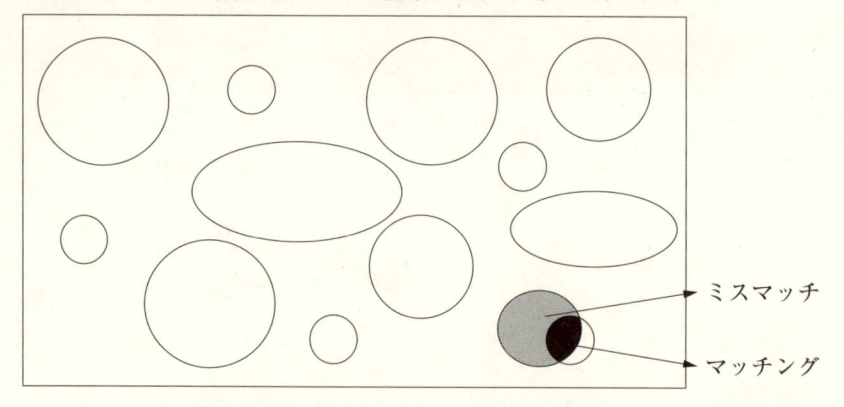

→ ミスマッチ
→ マッチング

を続けることは危険です。中小企業は経営資源が過少で、市場における守備範囲が狭いため、市場ニーズとミスマッチを起こす可能性が高いからです。その意味では、中小企業のほうが大企業と比べて**戦略的になる必要性が高い**のです。そして、企業規模が小さいために、企業活動の成否は経営者の決断・意思決定に大きく依存します。企業の戦略性は**経営者の戦略的思考の有無に左右される**ことになりますから、この点はマーケティング分析の重要なチェックポイントです。

分衆市場の登場によって**環境適合を優先的な課題とする**マーケティング戦略の重要性が増し、1980年代に入ってマーケティングは企業戦略論と結びつきました。「戦略的マーケティング」という概念が登場し、マーケティングは「経営」とほぼ等記号で結ばれるようになったのです。

5 感性マーケティングの時代

――― 書を捨てよ、町へ出よう

　1990年前後に感性マーケティングが「流行」しました。マーケティングは顧客ニーズというとらえどころのない存在を、いかに理論的に（システマティックに）とらえるかというプロセスです。その方法論として、感性や価値観などの定性的要因に基づくマーケティングのアプローチは従来からあるものです。しかし、当時の感性マーケティングは、顧客の感性を探るというよりもマーケターの感性を主張するセリング志向の強いものだったと思います。

　この時期、1989年から90年にかけて、中小企業事業団（現・中小企業総合事業団）の中小企業診断士養成課程に在籍していましたが、講師の方から、「本なんか読まなくていいから、盛り場へ行って繁盛店を目で見てきなさい」と言われたことを覚えています。文字どおり、『書を捨てよ、町へ出よう』（寺山修司）だと思い、強く印象に残っています。その講師の方は中小企業事業団の職員でした。講師として教壇に立つ外部のコンサルタントの方ではなく、事業団のプロパー職員の発言だったことも印象的でした。

　もっとも、この講師の方は、企業診断における現場観察の重要性を強調しただけであって、「感性マーケティング」の流行に乗っていたわけではなかったと思います。

図表Ⅲ—8　「疑似大衆市場」

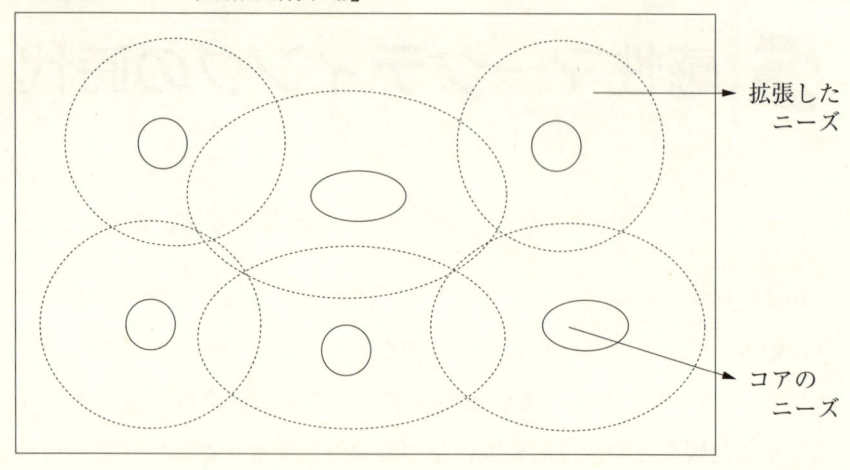

→ 拡張したニーズ

→ コアのニーズ

「疑似大衆市場」

　このバブル経済の時期は、前述のように分衆市場が急速にクローズアップされた時代でした。消費者ニーズの多様化を表すために、「**十人十色から一人十色へ**」などと言われていました。その後、ニーズの多様化は現在までさらに複合化・複雑化して進展していますが、バブル経済期の市場は、異常に膨張した消費購買力によって、多様化したニーズの**周辺部分が拡張**していたのだと思います（図表Ⅲ—8参照）。言わば「疑似大衆市場」で、コアのニーズの周辺部分は文字どおりのバブルです。

　各ニーズの守備範囲が広いので、かつての大衆市場の時代のように企業のポジショニングの重要性が低下してしまいました。しかも、以前とは違って消費者が大きな購買力を有しているため、マーケティングの**難易度も相対的に低下**していました。「感性マーケティング」という言葉は、企業側のマーケティングが安易に流れた、この当時の状況を象

徴するものだと思います。コピーライターという職業にスポットライトが当たったり、コンセプターなどカタカナの肩書きが付いた人たちに注目が集まりました。「なんとなくカッコイイもの」というマーケティングのイメージが強化されたのもこの時代かもしれません。

6 CSの時代

―――――― リレーションシップ・マーケティング

1990年代に入って、「顧客満足」（CS：Customer Satisfaction）という概念がクローズアップされました。CSを中心に据えたマーケティングがリレーションシップ・マーケティングで、このパラダイムを「関係性パラダイム」と言います。「関係性パラダイム」は、顧客との個々の取引において成立する「交換」を、**顧客との長期的な関係**のうえに成立させる「関係性」の確立を目指すものです。個々の製品やサービスの交換の成立にウェイトを置くよりも、顧客との安定的な「関係性」を構築することが、企業の長期的な発展に利するという考え方がベースにあります。

リレーションシップ・マーケティングの概念は別段新しいものではありません。ピーター・F・ドラッカーが「マーケティングの起源は17世紀半ばの日本にある」として、三越の源である越後屋という呉服店をマーケティングの原点に挙げているのは有名な話です。「越後屋はチラシによるプロモーションとその効果測定を実施し、顧客一人ひとりに合わせたコンサルティング・セールスをしていた」そうです。

ドラッカーの指摘を受け入れれば、マーケティングはアメリカ産の概念ではなく、日本のオリジナルということになりますが、もともと、商取引における企業と顧客との関係性は古典的なテーマだということだと思います。

関係性重視の背景

それではなぜ、90年代になってCSあるいは関係性がクローズアップされたのかというと、ひとつにはニーズの多様化が進展し、同時にその不透明性が高まったため、顧客との関係性を強化することで**取引の安定性を確保**するという考え方が台頭したからです。

技術革新の進行やニーズの変化の速度が早まった結果、商品のライフサイクルは**短期化**する傾向にあります。そのため、マーケティング活動のサイクルも短くなります。そこで、顧客との関係性を強化することで、企業の安定成長を図ったほうが得策だと考えられたという側面もあります。

マーケティングにおいて関係性を重視するもうひとつの大きな理由は、**パレートの法則**の存在です。これは俗に「20—80の法則」と呼ばれるように、上位20%程度のヘビー・ユーザーで**企業の収益や利益の80%**近くを上げているというものです（図表Ⅲ—9参照）。この法則が成立するならば、ヘビー・ユーザーとの長期的・安定的な関係を結ぶことによって企業収益の大半を確保できることになります（残りの80%の層に対しては、従来の戦略的マーケティングで対応するわけです）。

企業に対する安易なアドバイスの危険性は第Ⅰ章で述べたとおりですが、アドバイスこそしなくても、経営者は自企業を理解している担当者を歓迎するものです。金融取引も商行為のひとつですから、当然、顧客

図表Ⅲ—9　パレートの法則

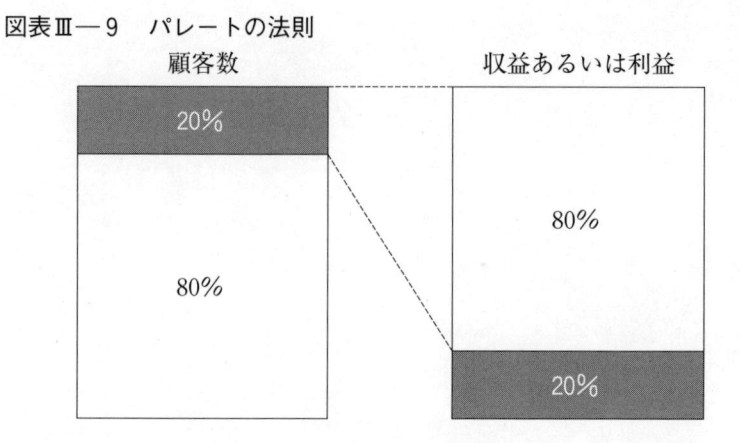

顧客数　　　　　　　　収益あるいは利益

20%

80%

80%

20%

との関係性は重要な要素です。**融資担当者**がマーケティング分析を行うことは、**顧客を理解**することであり、その関係性を強化することにつながると思います。

第Ⅳ章 マーケティング分析と財務分析

1 企業か家業か

家業は財務比率を無視!?

　第Ⅱ章において、「融資審査の立場からすれば、財務分析においては流動性の分析、つまり支払能力の分析が重要」で、「中小企業を対象とする場合は、比率分析よりも実額の分析を優先する必要」があるとしました。第Ⅱ章は融資の安全性確保を前提として記述しているからですが、マーケティング分析の立場からは財務の**比率分析結果にも注目する**必要があります。**企業のマーケティング活動の結果**は、フリー・キャッシュフローなどにも反映しますが、売上高総利益率など各種の比率、**主に損益計算書に関連**した**比率**にも現れます。この部分はマーケティングの定性的側面と定量的側面との接点に当たります。しかし、家業的経営者は財務比率を無視する傾向があります。そのため、個人事業主や「家業的法人」は本章で述べるマーケティング分析の対象とはなりにくいことが多いのですが、その場合は第Ⅴ章で述べる経営者の戦略性など、定性面の分析を中心に行います。

株主に対する意識があるか否か

　経営者が資金繰りだけでなく利益率などの比率を重視するか否かは、**経営感覚**が企業か家業かということと関連しています。企業の定義にはさまざまなものがありますが、財務面から見た場合の企業とは、資本に対するリターン、資本の運用効率を最大化することを目的として行動

するものです。この場合の代表的な分析指標がROE（株主資本利益率）です。表現を変えれば、**株主（出資者）に対する意識があるか否か**が企業と家業を区別するポイントだと言えます。企業が株主に対して報いるということは、資本（出資金）に対して高いリターンを上げることです。資本に対するリターンとは、配当だけを指すのではありません。内部留保を高めることが企業価値を高め、株式を公開している場合は高い株価につながって、結果的に株主に対するリターンにもなるという側面もあります。

　企業か家業かの区別は、必ずしも企業規模の大小とは関係しません。企業規模が大きくなれば、家業感覚ではまともに経営できなくなるのが普通ですが、相当の規模の企業でも家業的な（あるいは同族的な）感覚が強いところが多々あります。また、小企業でも将来のビジョンを描いていて、家業から企業への脱皮を図ろうとしているところや、当初から企業的な感覚で経営を行っているところもあります。企業か否かは、企業規模ではなく経営者の姿勢で決まります。企業分析においてこの点は**ヒアリングで事前に見極めておく必要があります**。

2 企業業績の推移
―売上高成長率の読み方―

業績の推移は5期分を見て把握

　企業の業績は財務諸表に反映されます。新規融資先の場合、金融機関では基本的に過去3期分の財務諸表を預かるようにしていると思います

が、業績の推移を見る場合は過去5年間（財務諸表5期分）くらいはさかのぼりたいところです。景気変動の山と谷（サイクル）との関連を見るためです。2期分の財務諸表を使って行うキャッシュフロー分析の観点からしても、**最低5期分は必要**です。理想的には7期分だと言う人もいます。

過去数期分の売上高、利益額、キャッシュフローなどをグラフ化してみることなどは一般的に行われることですが、この際、景気動向や産業界のイベントなど**外部環境要因の変化**が財務指標にどのように影響を与えているかを見ます。本章の8で述べる主要製品の**プロダクト・ライフサイクル（PLC）**との関連で、業績の推移を読むことも有効です。

中小企業の場合はもっとミクロの視点で見ます。例えば、分析対象が小売業の場合、商圏内に有力な大型店（競合店）が出店した時期の前後の業績を見て、その影響を探ります。融資担当者は、担当地域のそうした大きな変化は事前に頭に入れておかなければなりません。

成長率をどう見るか

売上高成長率は、成長性の財務分析指標として代表的な存在です。

$$売上高成長率 = \frac{当期売上高 - 前期売上高}{前期売上高} \times 100$$

企業の売上高は長期的には**増加していくべきもの**です。売上高の低下は市場競争力の低下を意味するからです。ただし、急激な売上の増加は、売上債権、棚卸資産の増加につながり、キャッシュフローの悪化につながることがあります。

企業が属する産業、業種が衰退傾向で、大半の企業の売上高が低下し

ている場合は、分析対象の企業が**新規市場への移行を図る戦略**を策定しているか否か分析のポイントになります。

　売上高成長率の判断基準には、一般的には名目インフレ率と市場・業界成長率の2つがあります。売上高が名目インフレ率を下回っているということは、売上が実質的に減少していることになります。市場・業界成長率は企業の市場競争力を測る基準です。売上高がこの基準を下回っている場合は、シェアが低下していることになります。

　中小企業の場合は、商圏や製品の出荷範囲が狭いですから、対象市場（当該企業の生存領域）を地理的にとらえて、同地域内の商品販売額や製品出荷額の成長率を基準に評価することになります。この数値は商業統計や工業統計資料で調べることができますが、中小企業は概してこうした外部環境情報を軽視する傾向があります。分析対象の企業が小売業の場合、最大の競合店が上場企業の大型店ということがよくあります。こういう場合は有価証券報告書でその競合店の売上高や人的生産性（1人当り売上高）などを調べます。

　調査の基礎資料として融資担当者にとって便利なのは、朝日新聞社が毎年発行している『民力』や東洋経済新報社の『地域経済総覧』です。各種のマーケティング・データが地域別にまとめられています。これらの本と業種別の審査事典があれば、調査・分析の基礎資料として不足はないはずです。

　成長率の分析手法として、売上高成長率と貸借対照表の各科目ごとの構成比の変化を対比してみるというものがあります。売上高の増減と資産（負債）の構成比の変化によって、**「経営の力点」**がどこに置かれていたかを見て、経営者のヒアリング結果の**反証として利用**するのです。この手法を使う場合は、前提として売上高成長率と総資産成長率を

対比しておきます。

$$総資産成長率 = \frac{当期総資産 - 前期総資産}{前期総資産} \times 100$$

〈事例・商店街イベントの大成功例「ナイトバザール」〉

　埼玉県秩父市に宮側(みやのかわ)商店街という近隣型の商店街があります。ここでは1987年10月以来、毎月第3土曜日の夜7時から11時までナイトバザールというイベントを行っています。人口6万人の秩父市でピーク時には2万人を集めたという商店街イベントの大成功例です。

　ここでナイトバザールを紹介するのは、「売上高の作り方」のひとつとして、イベントによる集客方法が参考になるからです。このイベントは宮側商店街の地域性など環境要因を考慮したもので、組織運営や目標設定などにおいて注目すべき点が多く、企業経営とイベントという違いはあるものの、多くの示唆が得られます。

　宮側商店街は、日中は人通りの少ない（最近よくある）「閑静な商店街」です。ナイトバザールもとくに大掛かりな催事が用意されているわけではありません。全長200メートルほどの商店街のなかで輪投げやくじ引きといったお金がかからない（ただし、趣向を凝らした）10種類ほどの催し物をやっているだけです。

　1985年11月、経営環境の厳しさに危機感を抱いた商店街の若手が集まり研究会を結成しました。同会にコンビニエンス・ストア（CVS）の社員を講師に呼んで話を聞いたのがきっかけで、夜間営業の重要性を認識し、女性の社会進出や子供の塾通いで失われつつある親子の"ふれあいの場"を作るというコンセプトが固まりました。

　イベント運営上の主なポイントは以下のようなものです（『イベント・

リポート』NO.109より一部加工）。

①スタートは青年部の勉強会を通じた連帯感
②どんなことがあっても6カ月（6回）は続ける
③目的は集客、集客できれば成功
④勝ちぐせをつける―「小さな成功」（勝ちぐせ）を積み重ねて「大きな夢」に近づいていく。
⑤反省会はその日のうちに実施
⑥継続は力なり。どんな天候でも実施し定着化
⑦子供をターゲットに手作りイベント（親は子供についてくる）
⑧企画は遊びゴコロと不可能はないという発想の転換が肝心
　―自ら楽しめるもの（イベント）を開催する―
⑨地域ぐるみ、街ぐるみの行事へ
　―ナイトバザール開催中はバスを通行止めにしている―
⑩続けていると「金」も「情報」も「店」もやってくる

　理論の後追いという批判を覚悟で書けば、ここには成功するに足る戦略の枠組みがあったと言えます。取材に行った時、ナイトバザール実行委員長のY氏は「まずやってみる」という実行力を強調していましたが、第1回ナイトバザールの前に2年間、研究会を行っていたことは見逃せません。「見る前に跳ぶ」という単純な行動性重視の結果ではなく、相当の準備があったわけで、組織構成員の意識の統一も同時に行っていたのです。

　また、夜祭（ナイトバザール）を企画したのは、CVSとの対抗上の理由もありましたが、同地は日本の三大夜祭の開催地で毎年12月に20万人もの人が集まるという土壌があること、秩父市は盆地で夜間人口が他の地域に流出しにくいことなども計算に入っていました。

午後5時から開催したほうが経営的には有利なはずですが、競争相手と規定したセブン―イレブンの7時から11時というゴールデンタイムにこだわる一方で、ターゲット（子供）の設定はセブン―イレブン（若い独身者―当時―）との差別化を図っています。「自ら楽しめるもの（イベント）を開催する」という方針も多様化した市場（分衆市場）への接し方として適切で、「目的は集客、集客できれば成功」というシンプルで分かりやすい評価基準もあります。

　空き店舗前のスペースを他の町の商店や有志に無料で開放するなど地域を巻き込む参加型のイベント運営、商店に対するアンケート調査や即日行われる反省会など、自ら情報発信することにより情報を得るというシステムが構築されています。

　組織的にはイベント運営上の意思決定は現場の担当者が行い、苦情処理などトラブルに対してのみ実行委員長が対応することになっています。オペレーション・レベルの作業は現場に権限を委譲し、実行責任者（委員長）は後方に回るというパターンは理想的ですが、組織内のコミュニケーションが良く、組織構成員相互の信頼感が強くないと実現できません。

　ナイトバザールの成功要因は明確なコンセプトとターゲットの設定、シンプルな評価基準の存在と柔軟性に富んだ組織運営にあると言えます。さらにユニークなのは実行委員長が言う「過去からは何も生まれない」という姿勢です。ストックではなくフローの感覚で、これだけ成功したイベントでありながら、過去のチラシ等の資料を実行委員会のメンバーは誰も保管していませんでした。メンバーとほぼ同世代で、若者のオピニオンリーダー的存在だった北山修が、かつて「変わり身の早さは美徳である」と書いたことを取材中に思い出しました。

3 マイケル・E・ポーターの競争戦略

　競争戦略の第一人者である**マイケル・E・ポーター**は、基本戦略を①コスト・リーダーシップ戦略、②差別化戦略、③集中戦略（コスト集中と差別化集中）の３つに分類しています（図表Ⅳ─１参照）。

コスト・リーダーシップ戦略

　コスト・リーダーシップ戦略は、図表Ⅳ─１のように戦略ターゲットの幅を広く取って業界全体の広い市場をターゲットとして、どの競争者よりも**低いコスト**を**武器**にする戦略です。戦略ターゲットの幅を狭く取る場合は、「集中戦略」のうちのコスト集中になります。

　コスト・リーダーシップ戦略は、３つの基本戦略のなかでは最も分かりやすい戦略です。戦略の指針としてコストという明確な（定量的）な基準があるからです。**削減の対象となるコスト**には、生産コスト、調達コスト、流通コスト、開発コスト、情報コストなどさまざまなものがあります。このうちのどれにウェイトを置くか（どこに重要性があるか）は業種特性にもよりますが、基本的には経営のビジョンや内外の環境分析によって決定されるものです。

　一般的にコスト・リーダーシップ戦略は規模の効果や経験効果が大きい業界で採用されることが多くなります。

図表Ⅳ—1　マイケル・E・ポーターの3つの競争戦略

	競争優位のタイプ	
	低コスト	差別化
戦略ターゲットの幅　広	コスト・リーダーシップ戦略	差別化戦略
戦略ターゲットの幅　狭	集中戦略	
	コスト集中	差別化集中

差別化戦略

　差別化戦略は、コスト・リーダーシップよりも難易度が高くなります。企業にとってコストはかなり主体的にコントロールできますが、差別化は**顧客の支持がその成果を決定**するからです。差別化ができたか否かを決定するのが顧客であることを忘れてしまうと、単に競合企業の商品との違いを強調するだけの「差別化のための差別化」（ひとりよがりの差別化）に陥ってしまいます。こうした差別化は競争者にとって「対応可能な優位性」となり、すぐに模倣されてしまうので、差別化の効果も短命に終わってしまいます。

　差別化戦略に限らず、マーケティングにおいては、その**効果測定が重要**です。各種のマーケティング手段については、顧客の反応（売上高増加率、顧客のリピート率など）を計測しておくことが必要です。例えば、プロモーションにおけるメディア別やエリア別の顧客（消費者）の反応

を記録しておけば、新しいプロジェクトを始めるときに活用できます。これを怠っていると、マーケティング手段について有効な意思決定ができなくなります。**顧客の反応を記録**することは、マーケティング手段の効果を測定することにつながります。こうした記録がスピーディーに出てくる企業は評価できます。

集中戦略

　集中戦略は戦略ターゲットの幅を狭く限定して（特定市場に的を絞って）、そこに経営資源（ヒト・モノ・カネ・ノウハウ等）を集中的に投入する戦略です。競争優位を獲得するためには、集中するだけでなく、コスト集中あるいは差別化集中を達成しなければなりません。

　戦略ターゲットの幅を狭く取って、特定市場においてコスト面で優位に立つ（ローコスト・サプライヤーとなる）戦略がコスト集中で、特定市場における差別化をめざすのが差別化集中です（戦略ターゲットの幅—対象市場—を極端に小さく取るとニッチャー：Nicher となります）。

　小売業界では、ダイエーがコスト・リーダーシップ戦略を採用した企業の代表で、セブン－イレブンは差別化戦略を採ったと言えます。総合スーパー（GMS：General Merchandise Store）では、イトーヨーカ堂や衣料品に強みを持っていた長崎屋が差別化戦略グループです。リーダーとしてフルカバレッジを戦略の基本方針とするダイエーに対して、イトーヨーカ堂や長崎屋、マイカルなどは差別化を図ったと言えばわかりやすいかもしれません。

　コスト集中戦略の企業（業態）としては100円ショップやディスカウント・ストアが典型的な例です。差別化集中戦略を採るのは、一般に専

門店業態ですが、衣料品などに品揃えを拡大する前の「無印良品」（企業名：良品計画）がこれに入るでしょう。

　戦略の要諦は「絞りと集中」です。コトラーやポーターは戦略における中道主義は避けるべきだと説いています。中道主義を採る企業は、コスト集中しながら、一方で差別化を図るなど難易度の高いテーマに取り組んで、蛇蜂(あぶはち)取らずの結果に終わりがちになります。なによりも、企業行動が「兵力の逐次分散投入」(Piecemeal Attack)という最悪のパターンに入り、「絞りと集中」を欠くことになる危険性が高くなります。ピースミール・アタックは、やはりピースミール・ソリューション（Piecemeal Solution：断片的解決法）にしかならないのです。ただ、当初から二兎を追ったわけではなく、特定市場に特化集中した結果、低コストでかつ差別化も実現したというケースもあります。「ユニクロ」などが、この例に当たると思います。

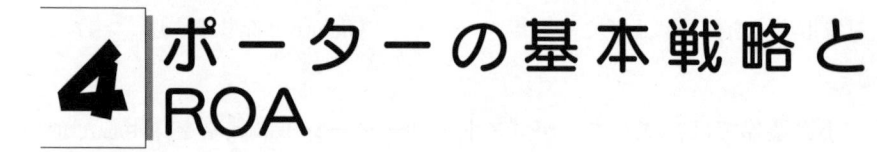

4　ポーターの基本戦略とROA

　業種や企業によって多少の濃淡はありますが、企業の戦略はその財務分析指標に反映します。ポーターの競争戦略をコスト・リーダーシップ戦略と差別化戦略に大別して、ROAとの関係について述べます。

コスト・リーダーシップ戦略とROA

　コスト・リーダーシップ戦略を採用している場合、売上高利益率は低めになります。競争優位のポイントがコスト競争力にあるため、プ

ライシングは概して低めになるからです。その意味では、利益率のなかでも**売上高総利益率がその戦略性を象徴**すると考えられます。

この戦略はディスカウント・ストアが基本的に採用するものです。この業界では、低い粗利益率でも利益が確保できるように販売管理費も低く抑えられています。いわゆるローコスト・オペレーションです。一方、低い収益性を販売力でカバーするためには資産の**効率的活用が必要**になるため、総資産回転率は高めになります。この収益性と効率性という２つの視点が、最終的にはROA（総資産利益率）に収斂されます。

〈コスト・リーダーシップ戦略とROAの関係〉

$$ROA = \frac{利益}{総資産} = \underbrace{\frac{利益}{売上高}}_{低め} \times \underbrace{\frac{売上高}{総資産}}_{高め}$$

コスト・リーダーシップ戦略を採用するディスカウント・ストアなどは、ローコスト・オペレーションのために店舗などへの投資を節約します。その結果、総資産自体が小さめになるため、総資産回転率が高めになります。同時に、低い収益性をカバーするために**売上高を増加**させることを最重要視して営業するため、小さな総資産と大きな売上高があいまって**総資産回転率が高まる**のです。

コスト・リーダーシップ戦略を採用して値入れの低いプライシングを続ける以上、ディスカウント・ストアは企業成長のために売上高を伸ばすことが最大の目標になります。売上高が伸びない（小さい）ディスカウント・ストアは悲劇的な存在です。ローコスト・オペレーションを徹底できず、中途半端に価格競争という「最後の手段」に出てしまった中

小の食品スーパーにこういうポジショニングの企業がよくあります。コスト・リーダーシップ戦略とはどこよりも安い値段で売ることを目指すものではありません。プライシングが競合者と同じになった場合、**最も高い利益率を確保する**ことがこの戦略の要諦です。したがって、業界全体がコスト・リーダーシップ戦略を採用する場合、最終的にはひとつの市場に**勝者は1社しか残りません**。価格競争が「最後の手段」と言われる背景には、こうした意味合いがあります。

差別化戦略とROA

差別化戦略を採用している企業のROAは、コスト・リーダーシップ戦略を採用する企業とは逆の構図になります。

〈差別化戦略とROAの関係〉

$$ROA = \frac{利益}{総資産} = \underbrace{\frac{利益}{売上高}}_{高め} \times \underbrace{\frac{売上高}{総資産}}_{低め}$$

差別化戦略は品質や品揃え、サービスなどの面で競合者との違いを打ち出し、顧客にそれを認めてもらう必要があります。差別化のポイントを品質に置く企業は、製造費や研究開発費が高めになりますし、高級品の専門店のように接客サービスに多大な配慮をする企業は、研修費などを含めた人件費が高めになります。企業あるいは商品のブランド力を維持するために、あるいはブランドイメージを高めるための広告宣伝費・販売促進費なども必要になります。差別化戦略においては、こうした付加価値を重視するために**プライシングと粗利益率は高め**になります。

差別化戦略を採用する製造業は生産設備や研究開発設備への投資が欠かせず、小売業ならば店構えや陳列什器などにもコストをかけるために減価償却費を含む販売管理費が高くなります。その結果、総資産が売上高に対して相対的に大きくなり、**総資産回転率が低めになる**のです。

5 事例・吉野家のローコスト・オペレーション

ローコスト・オペレーションを口にする企業経営者と、企業に対して経費削減を唱える融資担当者は多いのですが、どちらも単なる掛け声に終わっている例が多いものです。そこで、ファスト・フード業界の価格競争に最後に参入した、牛丼チェーンのリーダー企業である吉野家の事例を紹介します（日経流通新聞2001年7月10日より加工）。

吉野家は値下げに踏み切る前の数カ月間、7通りの価格実験を行い、客単価、客数増加、粗利益額の変化を研究しました。その結果、客単価は500円から390円になるが、既存店の客数を前年同月比で50％増やすことで、売上高を10％増加し、当初の目標営業利益を達成するというシナリオを描きました。ただし、客数増加だけでは利益を維持できないため、以下のように、原材料費や人件費など業務の見直しなどコストの全面的な見直しを行いました。

①原材料（食材）関係

コメ・牛肉・タマネギ・ショウガなど12品目で仕入価格を引下げ。

主力のコメは3種類のブレンド米だったが、ブレンド数とその構成比を変えることで年間5億円削減。牛肉は「規格、仕様を変更し」2億円

のコスト減を見込んだ。

②**人件費**

　標準店舗の場合、午前11時半から午後1時半までのピーク時は6人体制だが、食器の数量が少ないため（洗わないと間に合わず）1人は食器洗いに回っていた。そこで、席数の3倍の食器を揃え、すべての店員が接客や調理作業にあたるようにした。

　また、注文を片手で給仕せず両手で持って一度の歩行で2人に出す「両手往復作業」を励行し、1人の店員が1時間に接客する人数を11人から14人に引き上げた。

③**光熱費などその他経費**

　店員の大半が使用するペーパータオルの仕入れを見直し、1店当り月5,000円の購入費を4,200円にし、全社ベースで年間2,800万円の削減効果を見込んだ。

　顧客が使用するナプキンは六つ折りから四つ折りに変更することで400万円のコスト減を見込んだ。

　このように吉野家のオペレーション改革は、金融機関も見習いたくなるようなレベルです。ローコスト・オペレーションという言葉を使う**経営者の話を聞くとき**は、この吉野家の例を頭に思い浮かべておくとよいと思います。特に、**価格の変化と需要の変化の関係**は基本的で非常に重要なことなのですが、この点に無頓着な企業が多いことには驚かされます。

6 ポートフォリオ分析 (Portfolio Analysis)

PPM（Product Portfolio Management）

　戦略を策定する、あるいは戦略を分析するためには、当該企業のマーケットにおけるポジショニングを確認する必要があります。

　第Ⅴ章で述べますが、ニッチャーやフォロワーでありながら、リーダーの戦略である「同質化」やチャレンジャーの「差別化」を志向していないかなどが戦略評価のポイントです。もっとも、現場で融資担当者が相手をする中小企業のポジショニングは、**フォロワーが多い**と思います。企業規模が小さいので、リーダーやチャレンジャーはもともと少数派です。経営者に戦略的思考が希薄なので、ニッチャーとして存在感を示している企業も意外に少ないのです。

　戦略の分析において注意することは、**マーケットの定義**です。ポジショニングは基本的に**シェア・ポイントを利用**しますが、中小企業を大企業と比較すれば、中小企業が見劣りするのは当然のことです。融資担当者には、大企業と比較して中小企業を否定的に論じる人がいますが、中小企業は自らの生存領域（マーケット）で優位性を獲得すればよいわけで、**大企業と単純に比較しても意味がありません**。分析において、この点は注意すべきです。

　例えば、近隣型の商店街において、商店街全体の増加率を上回る売上高を達成していて、同規模の同業者と比較して良質な財務体質を有して

図表Ⅳ—2　プロダクト・ポートフォリオ・マネジメント

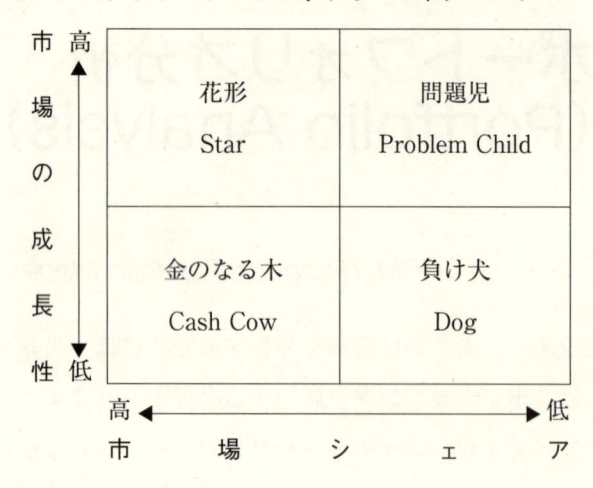

	高シェア	低シェア
市場の成長性 高	花形 Star	問題児 Problem Child
市場の成長性 低	金のなる木 Cash Cow	負け犬 Dog

いれば、その企業は十分に評価できます。取引ロットが小さい先は、企業分析の評価が高くても、担当者の立場からすれば面白みが少ないかもしれませんが、質を重視した営業を行うためには、こうした企業を的確に評価することが必要です。

　製品のポジショニングを確認する手法として、ボストン・コンサルティング・グループが開発したPPM（Product Portfolio Management）があります（図表Ⅳ—2参照）。

　縦軸に市場の魅力度（成長性）、横軸にマーケット・シェアをとったマトリクスを作り、4つのセルで製品群を評価するものです。各セルにはそれぞれユニークな名前がついています。

　シェアが高く、成長性も高い製品群は「花形」（Star）と呼ばれます。この製品市場は競争が激しいため、マーケティング・コストがかかります。そのため、キャッシュ・アウト・フローも大きいのですが、制圧すれば将来の主力市場となる可能性があります。

成長性が高く、シェアが低い製品群は「問題児」（Problem Child）と呼ばれます。この製品群を「花形」の位置へ持ってくることが、マーケティング上の課題となることが多くなります。

低成長で高シェアのセルに位置する製品群は「金のなる木」（Cash Cow）と呼ばれます。この製品群は一般に成熟商品で、現在の主力商品として利益を生み出す主体となっています。通常はここで生み出す利益（キャッシュ・イン・フロー）を「問題児」や「花形」製品のマーケティング費用に投入することになります。

低成長で低シェアの製品群は「負け犬」（Dog）と言います。将来的にシェアアップや市場成長が期待できないなら、撤退を検討するべき分野です。ただし、撤退については慎重に決断するべきです。撤退するよりは、低シェアは無視して利益追求に徹する「収穫」という方向性もあります。

PPMは製造業をモデルに開発されたもので、もはや古典とも言える分析手法ですが、その有効性は高いものです。ただ、現場で実務的に利用されているのは、あまり見たことがありません。他の業種・業態にも応用が可能で、この考え方に基づく分析を「ポートフォリオ分析」（PA：Portfolio Analysis）と言います。例えば、小売業の場合、商品分類別にPAを行い、商品の入替えをして品揃えの改善を図ります。多店舗展開している場合は、店舗別のPAを行って店舗管理に利用します。卸売業ならば地域別の販売データなどを基にPAを行い、エリア・マーケティングをかけるなどバリエーションはいくつも考えられます。もちろん、金融機関のエリア分析などにも有効です。

PAにおける企業自体のポジショニングも重要な問題です。ポジショニングが「負け犬」や「問題児」の場合、マーケット内の競争力が回復

しなければ、景気が拡大しても業績に大きな期待はできません。自企業の環境やポジショニングに無関心で、「景気がよくなれば……」とただ期待しているだけの経営者は評価できません（後述しますが、トレンドとサイクルの関係で、景気が回復しても大きな期待を持てないケースもあります）。

逆に不況下でも、どんな手を打つべきかを考えている経営者は、少なくとも経営姿勢としては有望だと言えます。「よくない経営者」が大半かもしれませんが、「よくない経営者」を適正に「よくない」と評価し、数少ない「有望な経営者」をきちんと評価できる能力が融資担当者には必要です。

PPMの作り方

PPMを利用すると、企業の市場競争力（マーケットにおけるポジショニング）がよくわかります。図表Ⅳ—3—1、2に横浜市内における大手総合スーパー（業界上位5社）の売上高を基にPPMの作り方を示しました。なお、これは製品ではなく、企業（店舗）を対象にしていますので、PPMではなくポートフォリオ・マトリクス（Portfolio Matrix）と呼ぶべきものです。

PPMの縦軸は市場成長率ですが、図表Ⅳ—3—2では売上増加率と表示しています。これは総合スーパー5社の対象店舗（横浜市内店舗）の前年比増加率です。横軸は相対シェアで以下のように計算します。

$$2位以下の企業の相対シェア = \frac{1位の企業のマーケット・シェア}{対象企業のマーケット・シェア}$$

第Ⅳ章 マーケティング分析と財務分析

図表Ⅳ—3—1 横浜市内の総合スーパーの売上高シェアと同増加率

単位：百万円・％

	売上高シェア	相対シェア	増加率	同左偏差値	売上高
イトーヨーカ堂	36.13	1.03	13.25	57.69	64,620
ダイエー	35.23	0.98	18.25	62.40	63,011
ユニー	13.65	0.38	－7.00	38.64	24,408
西友	11.76	0.33	－2.93	42.47	21,032
イオン	3.24	0.09	3.80	48.80	5,791

$$1位の企業の相対シェア ＝ \frac{対象企業のマーケット・シェア}{2位の企業のマーケット・シェア}$$

　図表Ⅳ—3—2では、縦軸と横軸の中心線はそれぞれのデータの平均値をとっています。縦軸の売上高増加率は作図しやすいように偏差値に変換しています。偏差値は平均値を50として最大値が80、最小値が20となるように調整した値で、以下のように算出します。

$$偏差値 ＝ \frac{偏差}{標準偏差} \times 10 + 50$$

　分子の偏差は各データと平均値との隔たりです（各データ値－平均）。標準偏差については、第Ⅱ章の補論1を参照してください。図表Ⅳ—3—1の偏差値は、元のデータの分布が正規分布ではないので、本来はZ得点と呼ばれるものです。
　金融機関のシェアの分析でも、このポートフォリオ・マトリクスを利用すると興味深い結果が出てきます。

図表Ⅳ—3—2　ポートフォリオ・マトリクス

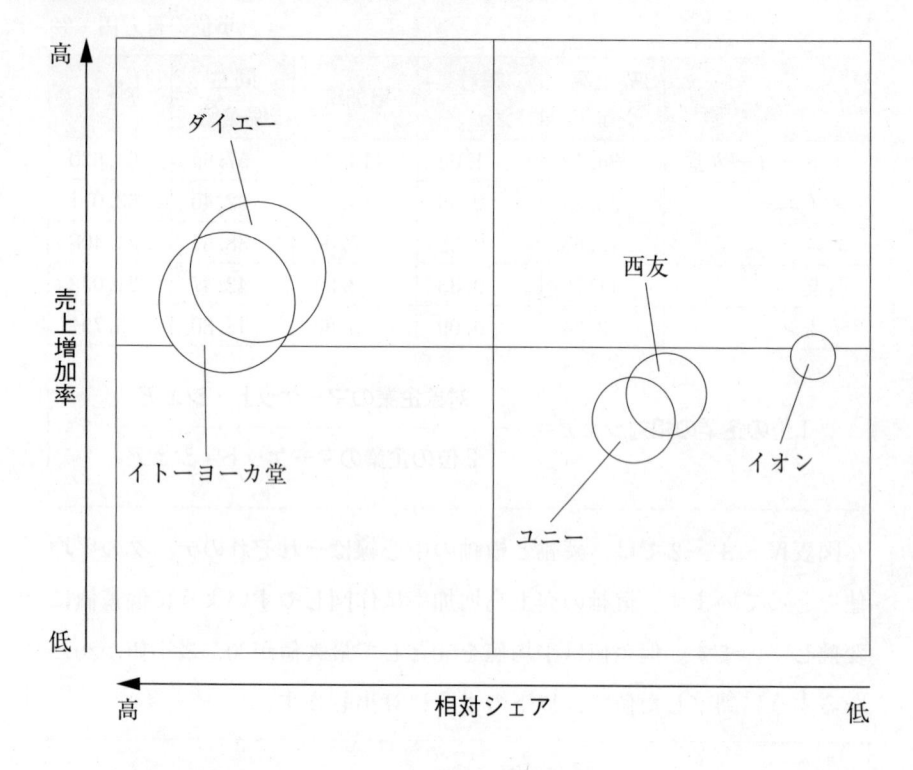

縦軸：売上増加率（高／低）
横軸：相対シェア（高／低）

- ダイエー
- イトーヨーカ堂
- 西友
- ユニー
- イオン

出所：日経流通新聞2001年8月16日『2000年度　日本のビッグストア1000』より加工。売上高上位1000社のうち、横浜市内に所在する店舗のうち、ディスカウントストアなどを除く総合スーパーの店舗を対象とした。イオンは旧ジャスコ。

第Ⅳ章 マーケティング分析と財務分析

7 製品のライフサイクル

典型的パターン

　マーケティングに関連する用語で、PPMと並んで有名なのが**製品ライフサイクル**（Product Life Cycle：PLC）だと思います。製品ライフサイクル（PLC）は、新製品が市場に投入されて、最終的に市場から姿を消すまでを、**人間の一生の同じようにいくつかの段階に分けてとらえる**ものです。金融界では、PLCと同様の考え方に基づく**ライフステージ理論**が、個人顧客の年齢階層別のニーズを把握するモデルとしてよくテキストなどで紹介されています。

　図表Ⅳ―4が、「導入期→成長期→成熟期→衰退期」という製品ライフサイクル（PLC）の典型的パターンを示したものです。

図表Ⅳ―4　PLC典型的パターン

（図：売上高・利益高の時間推移を示すグラフ。導入期・成長期・成熟期・衰退期の4段階に区分され、売上高と利益高の曲線が描かれている）

出所：和田充夫・恩蔵直人・三浦俊彦『マーケティング戦略』（有斐閣）

①導入期（Introductory Stage）

　新製品が市場に導入される時期で、需要創造のために大きな投資（研究開発費や広告費・プロモーション費）が必要になるため、多くの場合は赤字になります。**消費者**に**製品**を**認知**させるため、一般的にはマスメディアを使った広告が利用されます。

②成長期（Growth Stage）

　市場規模が急速に拡大する時期で、**他の企業が参入**してくるため、競争が激化して市場価格の低下にもつながります。このため、売上は伸びても利益はピークに達してしまうことが多くなります。成長期の後期に事業のリスクはピークに達します。

③成熟期（Maturity Stage）

　市場の成長性（売上高の伸び）が鈍化し、飽和点を迎える時期です。耐久財では買い換え需要が主流となり、売上高は消費財でも緩やかな自然増にとどまります。市場成長性が低いので、市場は他社のシェアを奪わなければ自社の売上が伸びないという**ゼロサムゲーム**の環境に近づきます。競争は成長期よりもさらに激化して、市場から撤退する企業も出てきます。

④衰退期（Decline Stage）

　売上高と利益額が急速に減少する時期です。市場規模が縮小する原因は、社会的なトレンド、政府による規制などの他に**代替製品の登場**があります。レコードがCDに、ポケベルが携帯電話に代替されたのが好例です。

　図表Ⅳ―4はあくまで一般的なもので、実際にはPLCが異なったパターンを描く例は多々あります。例えば、カラーテレビは普及率がほぼ

100%で完全な成熟期にありますが、デジタル放送が本格化した場合、再び成長期に入る可能性があると思います。また、パソコン市場は一時期、かなりの成長性を示しました。現在は成熟期に入っているという意見もありますが、これは一時的なものかもしれません。ウィンドウズのような**画期的な製品**が登場して、**一気に市場成長性を高める**可能性も考えられます。

マーケティング分析においては、当該企業や主要製品が**PLCのどの位置にあるか**というトレンドを見る必要があります。各時期によって、売上、コスト、利益などの企業の内部環境と顧客、競争者などの外部環境が異なり、それに応じてマーケティング戦略も変わります。それらの特徴をまとめたのが図表Ⅳ—5です。

―――――――― *ファッション・スタイル・ファッド（Fad）*

典型的なPLCのパターンの他に、ファッション・ファッドと呼ばれるパターンがあります。

①ファッション（流行）

図表Ⅳ—6—1のように**成長性が高く、成熟期が短い**ものをファッションと呼びます。市場に浸透するのが早く、あっと言う間に大衆性を獲得しますが、消費者（顧客）が新しい流行を追いかけ始めるとともに衰退します。かつてのミニスカート・ブームなどがファッションにあたります。もっとも、ミニスカートはその後再び市場に登場しました。時期によって多少の波はありますが、現在では女性の服装スタイルとして定着しています。こうしたパターンを**スタイル**と言います（図表Ⅳ—6—2参照）。

ジーンズなどもスタイルの範疇に入ると思われます。

図表Ⅳ—5　PLCに応じたマーケティング戦略

	導入期	成長期	成熟期	衰退期
売上高の特徴	低水準	急速に上昇	緩慢な上昇もしくは横這い	下降
利益の特徴	マイナス	増加	高利益	下降
競争状況	ほとんどなし	増加	競争相手減少　勢力安定	減少
マーケティング目標	製品認知　試用促進	シェア最大化	シェア防衛　利益最大化	費用削減　ブランド収穫
製品	基本製品	製品ライン拡張	ブランド戦略　モデル多様化	弱小製品削減
価格	コストプラス	市場浸透価格	競争対抗価格	価格引下げ
流通	選択	拡大・集中	一層の拡大	低採算販路からの撤退
広告	製品認知の構築	マス市場での製品認知の構築	ブランド差異の強調	中核顧客維持　費用削減
販促	集中投入（試用促進）	縮小	増加（ブランド変更促進）	最低水準まで縮小

出所：フィリップ・コトラー『マーケティング・マネジメント』第7版(プレジデント社)より加工

② ファッド（Fad）

　図表Ⅳ—6—3のように、販売を開始するやいなや一気に市場をつかんで制圧し、あっというまに衰退してしまう製品をファッドと呼びます。

　ファッドの典型的な例として、アメリカではキャベツ畑人形、ペットロックスなどがあげられます。キャベツ畑人形は「一人ひとり」の顔が

違う布製のシンプルな人形で、80年代にアメリカで一時的に大流行したものです。日本にも輸入されましたが、ヒットには至りませんでした。ペットロックスはなんの変哲もない「石ころ」に名前を付けてペットとして愛玩するという奇妙なブームでした。

マーケティング分析において重要なのは、当該企業（産業・主力製品）がライフサイクルのどの位置にあるのかという**トレンドを確認**することと、ライフサイクルが**今後どういう推移を示すか**（ファッションやファッドの可能性はないか）などの判断をすることです。

製品が成長期のピークにあって生産が需要に追いつかないことがあります。そのため、生産設備投資を実行したが、完成したころにはトレンドが成熟期に入ったため需要が減少し、投資負担が重荷になって企業倒産に至るということもあります。このパターンは実例も多く、トレンドの見極めの重要性を示すものです。。

特定市場へ最初に参入した製品のほうが、後発製品よりも有利な立場を占めるという**先発優位性**（first mover advantage）は、マーケティングでは一応の定説になっています。しかし、画期的な新製品を多大な開発コストと市場開拓コストをかけて導入しても、**マーケティング力が弱いために**成長期の前期に市場に参入してくる競争者との戦いに敗れてしまうということもかなりあります。一般に新製品の成功率は低下しており、成長期や成熟期のPLCのパターンを描く前に敗退してしまう例が多々あることは認識しておくべきです。

図表Ⅳ—6—1 ファッション

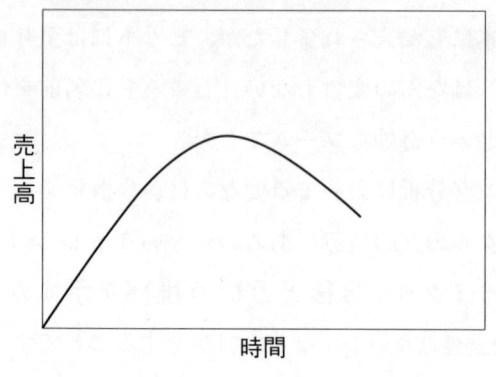

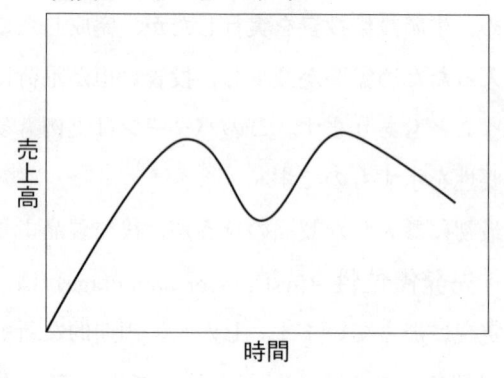

図表Ⅳ—6—2 スタイル

図表Ⅳ—6—3 ファッド

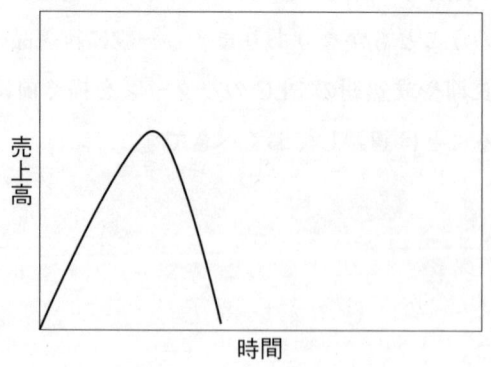

製品ライフサイクル（PLC）の問題点

　PLC には批判もあります。ライフサイクルの各時期を決定するのは主に売上高ですが、それにもかかわらず各時期は売上高水準の説明に用いられています。つまり、PLC の概念が同義反復になっているのではないかという批判です。この批判は、マーケティング戦略が PLC によって規定されるのか、マーケティング戦略（の結果としての売上高）が PLC を形成するのかという議論に発展しています。確かに、マーケティング戦略の策定を誤ると、売上高が低下して PLC が衰退期に入ってしまうという可能性もあります。この問題には安易に答えられませんが、PLC を無条件に（無批判に）眺めていると、マーケティング戦略が PLC の成り行きまかせになってしまう危険はあると思います。PLC の動きを読みつつ、革新的な意思決定を行っていく、戦略の策定とは本来そうしたものだと思います。

　以前、ライフステージ理論（PLC）を企業分析に適用しているテキストに、「企業は成長期に成長するべきである」という記述がありました。その際、「成長するから成長期なのであって、成長期に成長する」というのは同義反復だと思いました。PLC の問題点に対する解答にはなりませんが、PLC を読む場合は、このように矛盾した思考回路に入らないようにすることが注意点として挙げられると思います。

　中小企業の場合、**市場全体の動きを示すガイドライン**として PLC が利用できます。市場全体の売上高、あるいは自社が営業するエリアの売上高の推移を PLC の観点から読み、自社製品の売上高の推移と対比してみるのです。例えば、PLC が成長曲線を示しているのに、自社のそれが衰退傾向にある場合、原因がつかめていなければマーケティング

分析が必要になります。この視点は、融資担当者の企業分析にもそのまま適用できます。

8 製品ライフサイクルと景気循環

トレンドとサイクル

　PLCにおけるトレンドは、サイクル（景気循環）との関係で分析する必要があります。

　景気の山と谷は見極めが難しいのですが、製品のトレンドが成長期にある時、売上高は景気拡大期に大幅な伸びを示し、景気後退期になっても影響は軽微に止まる可能性が高くなります。一方、トレンドが成熟期（衰退期）に入っている場合、景気が拡大してもそれほどの伸びは期待できず、景気が後退した場合は逆に大きな影響を被ることになります。長期大型資金の融資などの場合、トレンドとサイクルを組み合わせて分析することが必要です。

トレンドとPPM

　PLCはPPMの読み方とも関連します。

　「金のなる木」の商品は通常、トレンドが成熟期にあります。この商品は企業にとってキャッシュフローと利益の供給源となっていますが、**将来性は大きくありません。**

　「花形」は成長期の商品です。市場成長性が高いため、「金のなる木」

で獲得したキャッシュフローが成長投資のマーケティング費用として投入されていますが、トレンドが成熟期に入れば「金のなる木」に変わる可能性があります。

「問題児」は、トレンドが成長期にあり魅力が大きい商品分野にもかかわらず、競争優位性が確立できない分野です。これを「花形」の位置に持っていくには、成長投資と劣勢なポジショニングを改善するための**投資が必要**で、金食い虫になります。

「負け犬」はトレンドが成熟期あるいは衰退期にある商品分野です。市場成長性が低いので、成長投資は必要ありませんが、ポジショニングも悪いのでキャッシュフローの供給源となるわけでもありません。むしろ、**維持コストがかかる**可能性が高い分野です。

PPMにおけるポジショニングが「問題児」や「負け犬」であれば、トレンドが成長期でサイクルが好況期に入ったとしても、その企業(商品分野)には大きな期待ができないことになります。

商品自体の特性もトレンドやサイクルに深い関係があります。分析対象の企業がどのような商品を扱っているのか、その商品特性はどのようなものなのかを把握しておくことは、企業分析における基本的な作業です。そして、商品の特性とともに、その市場特性も理解しておく必要があります。

対象企業の取扱商品やその市場特性を詳しく調査する際に、各種の業界(業種)別事典などを利用するのは常識でしょうが、この際、対象企業が属する業界だけでなく、**関連する業界**についても調べておくことが重要です(現在ではインターネットの利用が非常に効率的な調査方法でもあります)。分析対象が書店であったら、書籍の流通ルートとして、メーカーである出版社や卸売業者である書籍取次業も調べておきます。

周辺業態である古書店についても情報を得ていれば判断に厚みが出ます。こうして収集した知識・情報は、マーケティング分析における基礎的なデータとなります。

　企業が大幅な増収増益を達成した時、その変化が販売数量の増加によるものか、販売単価の上昇によるものかは定量分析で判断することが可能です。財務諸表からの情報だけでは無理かもしれませんが、経営者にヒアリングを行って情報収集することによって分析できるはずです。しかし、その変化がサイクルが景気拡大期（好況）に入ったことによるのか、トレンドが成長期に入ったことによるのかという判断は、マーケティング分析の範疇です（PPM上のポジショニングが改善したという可能性もあります）。企業の業績に変化を与える要素には、この他にも新店舗の出店、取扱商品（製品）・販売方法の変更、従業員教育の成果などさまざまなものがあります。こうした各種の情報や要素を分析することがマーケティング分析であり、企業分析は**財務分析（定量分析）とこのマーケティング分析（定性分析）が融合されて初めて有効に成立する**ものです。

利益・キャッシュフローと減価償却費

　財務指標だけを近視眼的に見ていると企業に対する評価を誤ることがあります。

　例えば、定率法を採用していると、減価償却費は年々減少しますから、売上やその他の経費の額があまり変わらなければ利益は増加傾向になります。このとき、安易に時系列分析を行っていると、減価償却費の低減によって増益になっているにもかかわらず、企業の収益性や競争力が上がったと判断してしまう危険があります。この場合、減価償却費の低減

によって増益になっているのですから、実際には生産設備が陳腐化して企業の競争力は低下している可能性があります。

減価償却費はキャッシュフローにおいても重要な要素です。簡便法によるキャッシュフロー（内部創出資金）の式「税引後利益＋減価償却費－社外流出」からもわかるように、キャッシュフローは減価償却費の多寡に大きく影響されます。

一般にトレンドが成長期にある場合、フリー・キャッシュフローは赤字になりますが、成熟期に入っても赤字の場合は問題があります。ただ、企業がキャッシュフローを重視しすぎると、**フリー・キャッシュフローの赤字を避けるために投資キャッシュフローを営業キャッシュフローの範囲内に収めようとして、結果的に投資不足で競争力が低下してしまう**とジレンマもあります。

トレンドとの関係でキャッシュフローの質を見るための分析指標が**利益構成比率**です。

$$利益構成比率 = \frac{当期純利益}{当期純利益 + 減価償却費} \times 100$$

この指標は社外流出を除いた簡便法のキャッシュフローにおける当期純利益のウェイトを見るものです。当期純利益と減価償却費を比較した場合、ビジネスリスクを反映する当期純利益のほうが変動性が高くなります。この指標が50％を超えている場合（当期純利益＞減価償却費）、キャッシュフローは当期純利益の変動の影響を受けやすい構造にあるわけです。

逆に、この指標が50％未満の場合（当期純利益＜減価償却費）、キャッシュフローの構造は減価償却費の影響を大きく受けます。キャッシュフ

ローの安定性の観点からは、変動性が高い当期純利益の影響が大きい状態（当期純利益＞減価償却費）より、減価償却費の構成比が高い状態（当期純利益＜減価償却費）のほうが望ましいと言えます。

　一般的には企業が設備投資を盛んに行う投資期においては、当期純利益＜減価償却費（利益構成比率50％未満）になりやすく、投資の回収期に入っている企業は当期純利益＞減価償却費（利益構成比率50％超）の傾向にあるはずです。その意味で、利益構成比率は投資の回収期にある企業について過去の**設備投資のパフォーマンスを分析**する際にも応用できます。

9 マーケティング・ミックス：4P

　企業の戦略は基本戦略と個別戦略によって構成されます。個別戦略を構成する要素が4Pです。4PはE.J.マッカーシーが唱えたマーケティング・ミックスの4つの要素で、製商品（Product）、価格（Price）、流通チャネル（Place）、プロモーション（Promotion）の頭文字を取ったものです。この4つのPを組み合わせてマーケティング戦略を展開することを**マーケティング・ミックス**と言い、4Pとマーケティング・ミックスは互換的に使用されます。

　マーケティング戦略の目的は、経営環境（何をするべきか：Should）と経営資源（何ができるか：Could）の適合（Fit）を図ることです。基本戦略が企業のビジョン（理念・目標）、市場環境、経営資源と適合（フィット）していなければならないように、**4Pも基本戦略とフィット**

していなければなりません。同時に４Ｐ個々の要素間の適合性も維持していなければなりません。例えば、大型高級家具の流通ルートとしてコンビニエンス・ストアを選択するのは不適合ですし、女性用化粧品のプロモーションとして男性週刊誌に広告を打つことも同様にミスマッチです。

製商品：Product

①製品とは何か

　製品の類型とマーケティング戦略との関連を示したのが図表Ⅳ─７です。

　この図表は一般的な製品分類を示したものですが、フィリップ・コトラーは製品とは「便益の束」(bundle of benefit) であるとしています。製品を物理的な特徴でとらえずに、製品が顧客に与える「満足」の質・種類でとらえようとする考え方です。よく引用される事例が口紅です。「女性は口紅という物理的、科学的な特性を購入しているのではなく、美しくなりたいという夢を買っているのである」というものです。製品を「便益の束」と考えれば、それを物理的な存在としてとらえる意味も希薄になります。金融業を含むサービス業が提供する無形のサービスも製品の概念でとらえることが可能ですから、４Ｐも適用しやすくなります。

　「便益の束」という製品の定義は、企業のビジョンなど事業の定義と関連しています。「企業は顧客に何を提供するのか」というテーマです。「ＣＤが売れないのは携帯電話のせいである」という議論があります。ＣＤは音楽の媒体ではなく、若者たちにとっては「暇つぶし」の道具であり、その点でＣＤは携帯電話との競合に敗れたのかもしれません。

製品単位で考えて、同業者だけを意識していると、競争の本質を見失うおそれがあります。セオドア・レビットはこれを「マーケティング近視眼」(Marketing Myopia) と呼びました。アメリカの鉄道事業が自らの事業を輸送産業と定義せず、同業者との競争に明け暮れたため、自動車産業や航空産業との競争に敗れ衰退したと指摘したのです。陳腐な事例ですが、映画産業の競争相手はテレビなどのメディア産業だけではなく、東京ディズニーランドなどの娯楽産業全般であるとも言えるわけです。

②**製品ミックス（プロダクト・ミックス）**

　企業が取扱う製品の組合せを製品ミックスと言います（小売業の場合、製品ミックスに当たる言葉がマーチャンダイジング—Merchandising：商品政策・品揃え—です）。製品ミックスは、**製品ライン**（製品系列）と**製品アイテム**（品目）によって決まります。

　自動車メーカーであれば、大衆車、高級車、小型車、スポーツカー、レクリエーション・ビークル (RV) などが製品ラインになります。製品ラインの数をラインの幅 (wide) と言い、製品ラインの多少は「広い・狭い」と表現されます。

　製品ラインを構成するのが製品アイテムです。大衆車のなかにはカローラやサニーなどのブランドがあり、それぞれ排気量やスタイルの違った車が存在します。この個々の車種がアイテムです。製品アイテムの多少は奥行き (depth) で測られ、「深い・浅い」と表現されます。

　酒販店を例に取れば、ビール、ウィスキー、酒、ブランデー、ワイン、焼酎などが商品ラインです。ビールにはアサヒ、キリン、サッポロ、サントリーなどのメーカー別の商品があり、ビンとカンという容器の違い、さらに容器の大小があります。この個々の商品がアイテムになります。

図表Ⅳ—7　製品の類型とマーケティング戦略

〈耐久財・非耐久財・サービス〉

耐久財	有形で長期間使用される。パーソナル・セリングとサービス、高マージン、売り手の十分な保証が必要。
非耐久財	有形で1回あるいは数回の使用で消費されるもの。早く消費され頻繁に購入されるために、多くの小売店で扱われ、低マージンの販売、消費者の試用促進と選好を作り出すための積極的な広告が必要。
サービス	無形で分離することができず、品質が安定せず、ただちに消滅するため、十分な品質コントロール、供給者の信用、適合性が必要。

〈消費財の分類〉

最寄品	頻繁に購入され、比較と購買のための努力をほとんど必要としない。
ステープル商品	日常的に購入される商品。
衝動買い商品	何らかの計画も探索努力もなく購入される商品。
緊急必要商品	雨の日の傘など。
買回品	商品選択と購買過程において、適切さ、品質、価格、スタイルなどを比較して購入される。
同質的商品	品質が同じであるため、価格のみが比較の対象となる。
異質的商品	価格以外のさまざまな要素が比較対象となるため、広範な品揃え、情報とアドバイスを提供するよく訓練された販売員が必要である。
専門品	珍しい特徴や有名ブランドを持ち、ある特定の顧客グループが特別の努力をしても購入しようとするもの。
非探索商品	消費者はまったく知らず、働きかけられなければ購入を考慮しない商品。生命保険や百科事典など。

〈生産財の分類〉

材料・部品	製品の製造工程に投入される。原材料(農産品と天然製品など)と加工素材および部品に区分される。
資材	
機械設備	工場やオフィス、発電機やコンピュータなど。
副次的備品	タイプライターや机など。
消耗品とサービス	どちらも製造工程に関与しない。
消耗品	業務用消耗品とメンテナンス・修理用消耗品がある。
サービス	メンテナンス・修理サービスなどの業務用サービスとコンサルティングや広告などの業務助言サービスがある。

出所：フィリップ・コトラー『マーケティング・マネジメント』第7版(プレジデント社)
　　(一部修正)

図表Ⅳ—8　製品ミックスに見る小売業の業態

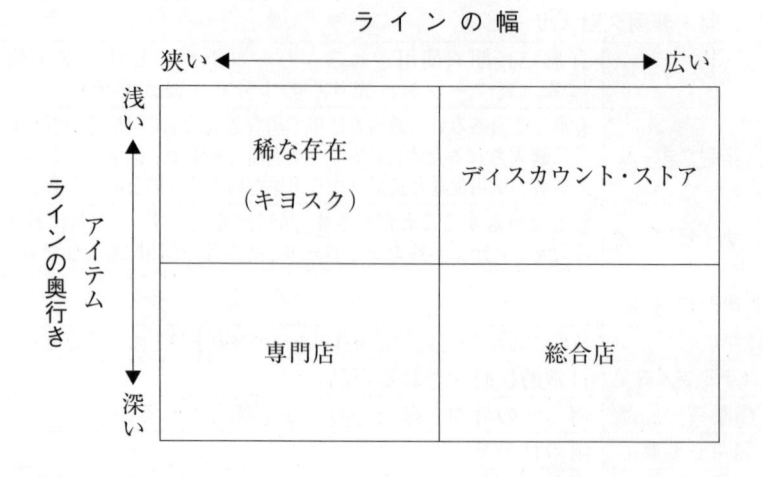

	ラインの幅	
	狭い ←——————→ 広い	
アイテム ラインの奥行き 浅い ↑↓ 深い	稀な存在 （キヨスク）	ディスカウント・ストア
	専門店	総合店

小売業の業態を商品ミックスの幅と深さで表したのが図表Ⅳ—8です。

製品ミックスは永続的なものではありません。新製品が追加されたり、市場に受け入れられなくなった製品が除去されたりしながら、**絶えず変化**します。その評価は、やはり**基本戦略との整合性**、**4Ｐの他の要素との整合性**を見ることによって測ります。企業のオペレーションの評価という点では、**製品の追加や除去が効率的に行われて**いるかどうかがポイントになります。

③製品ミックスの分析
■商品別売上高

製品ミックス（マーチャンダイジング）の分析は、売上高を製品アイテム（品目）別に分ける場合と、製品ライン（系列）別に分けて行う場合がありますが、製品アイテムはかなりの数になります。小売業の場合、コンビニエンス・ストアで3,000アイテム、食品スーパーで20,000〜

30,000アイテム、総合スーパー（GMS）では10数万アイテムになりますから、融資担当者が行う場合は**製品ラインの分析が現実的**だと思います。

製品ラインの分析は、ラインの構成比の分析と販売実績の傾向分析に大別できます。図表Ⅳ─9は、大塚家具の商品別売上高を比較したものです（参照した資料では商品別の粗利益率(額)が不明でしたが、実際の分析においては企業の内部資料などから商品別の粗利益の分析も行うべきです）。

図表Ⅳ─9を見ると、商品分類では、「応接」「ダイニング」「寝具」が3大商品で、これらを核として「リビングボード」「ジュータン・カーテン」「電器・住器」で売上を伸ばしている形になっています。「収納家具」は増加率はプラスですが、構成比は低下しています。代わって「電器・住器」が台頭しており、品揃え、売場構成の変化がうかがえます。

図表Ⅳ─9はごく基本的な形です。この表の横軸に地域別（店舗・営業所別）売上高やチャネル別の売上高など他の要素と交えて分析する手法をクロス分析と呼びます。クロス分析は企業の実態把握に有効な手法です。

■利益貢献度分析

図表Ⅳ─10は**利益貢献度分析**と呼ばれる手法です。売上高構成比と同総利益率の積で商品別の貢献度を測定するものです。中小企業でも商品別の粗利益率や加工高率はよく把握されているので、**実務的**にも**利用しやすい**分析手法です。小売業の場合、店舗レイアウトによっても売上高が左右されます。商品別の売場面積とこの貢献度分析の結果を比較するのも有効な手法です。

図表Ⅳ—9　大塚家具の商品別売上高

単位：千円・％

	売上高					増減	
	1997/12期	構成比	2000/12期	構成比	増減率	金額	構成比
収納家具	4,418,834	10.0	5,501,058	8.4	24.5	1,082,224	△1.6
和家具	476,880	1.1	763,445	1.2	60.1	286,565	0.1
応接	10,882,238	24.6	16,201,669	24.6	48.8	5,313,431	△0.0
リビングボード	2,672,174	6.0	4,162,529	6.3	55.8	1,490,355	0.3
学習・事務	1,797,865	4.1	2,771,443	4.2	54.2	973,578	0.1
ダイニング	9,761,243	22.1	14,568,513	22.1	49.2	4,807,270	0.0
ジュータン・カーテン	1,908,353	4.3	3,217,901	4.9	68.6	1,309,548	0.6
寝具	7,923,668	17.9	12,041,938	18.3	52.0	4,118,270	0.4
電気・住器	482,096	1.1	1,721,052	2.6	257.0	1,238,956	1.5
単品	1,937,882	4.4	2,609,561	4.0	34.7	671,679	△0.4
リトグラフ・絵画	92,163	0.2	131,709	0.2	42.9	39,546	△0.0
その他	1,824,584	4.1	2,110,867	3.2	15.7	286,283	△0.9
計	44,183,986	100.0	65,801,690	100.0	48.9	21,617,704	

金額は千円未満を切り捨て
出所：同社決算短信より加工

図表Ⅳ—10　利益貢献度分析表

商品名	売上高	売上高構成比(a)	売上高総利益率(b)	加重積数(a)×(b)	貢献度(％)
A	6,300	15.0	30.0	4.5	13.4
B	8,400	20.0	20.0	4.0	11.9
C	4,200	10.0	40.0	4.0	11.9
D	2,100	5.0	20.0	1.0	3.0
E	21,000	50.0	40.0	20.0	59.7
計	42,000	100.0		33.5	100.0

第Ⅳ章　マーケティング分析と財務分析

図表Ⅳ—11　交差比率貢献度分析表

商品名	売上高	売上高構成比(a)	売上高総利益率(b)	商品回転率(c)	交差比率(d)(b)×(c)	加重積数(a)×(d)	貢献度(%)
A	6,300	15.0	30.0	12.0	360.0	54.0	12.4
B	8,400	20.0	20.0	10.0	200.0	40.0	9.2
C	4,200	10.0	40.0	8.0	320.0	32.0	7.3
D	2,100	5.0	20.0	10.0	200.0	10.0	2.3
E	21,000	50.0	40.0	15.0	600.0	300.0	68.8
計	42,000	100.0				436.0	100.0

■交差比率貢献度分析

交差比率とは売上高総利益率と商品回転率の積です。一般に収益性と効率性はトレードオフの関係にあるので、2つの関係を総合的に見るために利用される指標です。

$$交差比率 = \frac{総利益}{売上高} \times \frac{売上高}{商品} = \frac{総利益}{商品}$$

交差比率とは商品別の在庫高に対する粗利益を示しており、交差比率貢献度分析は、この面からの貢献度を表しています（図表Ⅳ—11参照）。

■ABC分析

製品アイテム別の分析手法として一般的なのがABC分析です。パレート分析とも呼ばれ、簡便な手法のためか中小企業でもかなり使われています。融資担当者は実際にこの分析を行わなくても、企業の内部資料として目にすることも多いと思います。分析手順は以下のとおりです。

> ●アイテム別の売上高を大きいものから並べて累計を求める。
> ●総売上高を100として個々のアイテムの売上高構成比と累計構成比を求める。

　一般的には、アイテム数の上位20〜30％の製品で売上高の約70％、中位20〜30％で売上高の約25％、残りの約50％のアイテムで総売上高の5％を占めるとされています。

　図表Ⅳ—12—1、2がABC分析の例です。便宜上、アイテムではなく、商品ラインを使用しています。ここでは、上位2つの「食品・雑貨」と「ビール」をAクラス、「ウィスキー」「ワイン」「焼酎」をBクラス、以下をCクラスに分類しました。

　ABC分析は、**売上高基準による商品別の重要度**を示すものです。どの商品を重点的に管理するかという商品管理の基準を示唆するものですが、Cランクの商品の扱いには注意が必要です。時々、「Cランクの商品を切って、A・Bランクに特化する」といった考え方をする人がいるからです（経営者にもいますが、こういう発想は意外に金融機関の職員に多いようです）。ABC分析でCランクに分類されたからといって、**安易に切り捨てる対象にするべきではありません**。Cランクのなかには、発売されたばかりの新商品も含まれていますし、A・B商品との関連購買を促進している商品もあるはずです（「死に筋（商品）が売れ筋（商品）を作る」という言葉もあります）。売上高ではなく、利益基準でABC分析を行えば、Cランクの商品が上位に入る可能性もありますし、先に述べた**貢献度分析**などの結果も考慮する必要があります。販売先や仕入先の分析などに応用すると興味深い結果が出ることもあります。

図表Ⅳ—12—1　ABC分析(1)

商品名	売上高(千円)	構成比(%)	累計比率(%)	
食品・雑貨	21,003	48.12	48.12	A
ビール	10,556	24.19	72.31	
ウィスキー	3,972	9.10	81.41	B
ワイン	3,505	8.03	89.44	
焼酎	2,649	6.07	95.51	
清酒	935	2.14	97.65	C
スピリッツ	598	1.37	99.02	
果実酒	179	0.41	99.43	
味醂	142	0.33	99.76	
合成酒	105	0.24	100.00	
計	43,644	100.00		

　ABC分析は、全商品に対して販売促進活動などの商品管理が均等に行われていることを前提にしていますから、本来はもっと売れているはずの商品が、単に商品管理の手抜きによってCランクに位置している可能性もあります。定量的な結果だけから判断するのは危険です。玉城芳治氏は「CグループのCはCut offのCではなく、Consider（熟慮せよ）のCと心得るべきである」としています。この点は、PPMの「負け犬」(Dog) の扱いとも共通します。

図表Ⅳ—12—2　ABC分析(2)

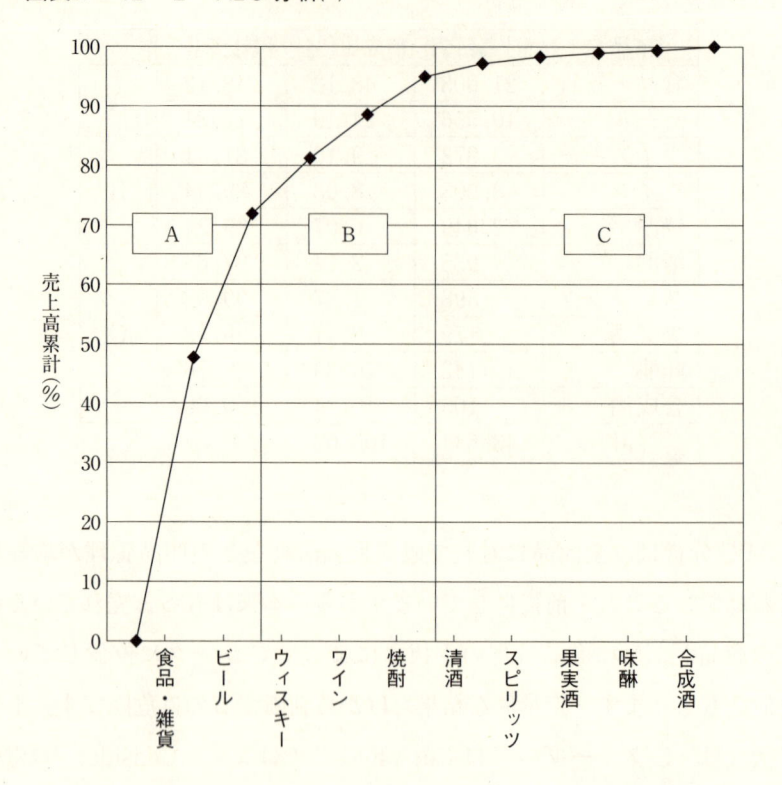

縦軸：売上高累計(%)　0〜100

A：食品・雑貨、ビール
B：ウィスキー、ワイン、焼酎
C：清酒、スピリッツ、果実酒、味醂、合成酒

価格：Price

　価格政策は、基本戦略や製品の質などによってある程度規定されます。ここでは基本戦略などとの整合性が取れていることを前提に、価格設定（プライシング）方法と関連する事項について述べます。

①コスト・プラス法

　価格設定の下限はコストで、上限は需要によって決まります。**コストをベースにプライシングをする方法を「コスト・プラス法」と言います。**原価に固定的な「マークアップ」を加算して売価を決定する方

法です。「マークアップ」とは売価を決める際に原価に付加される額(売買差額)です。マージン(売上総利益)と似た概念ですが、マークアップが価格付けの過程における売買差額を示すのに対して、マージンは販売活動の結果としての売買差額の実態を示すものです。

小売業を例に取ると、3,000円で仕入れた商品に1,000円のマークアップを加算して4,000円で売る場合、マークアップ率(値入率)は1,000円÷3,000円×100で33.3%になります。店頭でこの商品を3,800円に値引きして売った場合のマージン率は、800円÷3,800円×100で21.1%です。融資担当者は一般的にマージン率に注目しますが、小売業者は利幅と仕入価格の比率である**マークアップ率を重視**します。ヒアリングの際には融資担当者がマージン率を尋ねているのに、経営者はマークアップ率を答えるといった誤解が生じないように注意が必要です。

コスト・プラス法は**静態的なコスト観**に基づいており、仕入原価が固定的な流通業界で広く採用されています。

その利点は簡便なことです。経営者は市場環境などは把握していなくても、コスト(原価)についてはよく知っているものです。

製造業の場合、製品の単位費用(原価)が操業度や販売量によって大きく変動するため、これを採用する理論的根拠は薄いとされています。予定販売数量を前提にコスト・プラス法でプライシングをしても、販売不振で目標数値に達しない場合、単位費用が上昇してしまうために赤字になってしまうこともあります。

②**損益分岐点の利用による価格設定**

損益分岐点(break-even point)を考慮してプライシングする方法もあります。

架空の製造業A社を事例としてみます。A社の固定費は販売(製造)

図表Ⅳ—13　損益分岐点図表

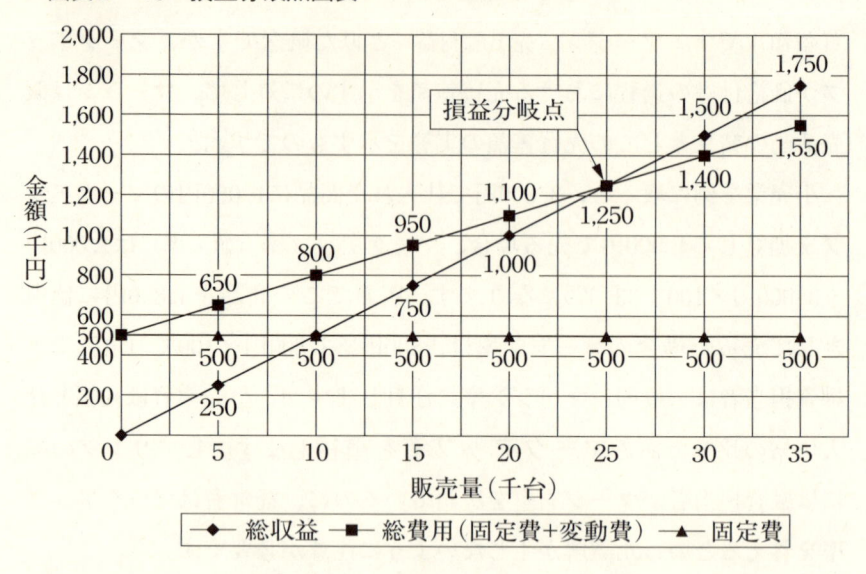

```
2,000
1,800                                                              1,750
1,600                                              1,500
1,400                                       1,400          1,550
1,200                               1,100
              損益分岐点 → 1,250
1,000                      950
 800              800              1,000
 600      650             750
 500 ─────────────────────────────────────────────── 500
 400     500    500    500    500    500    500    500
 200  250
   0    5    10    15    20    25    30    35
              販売量（千台）
```

　━━◆━━ 総収益　━━■━━ 総費用(固定費+変動費)　━━▲━━ 固定費

数量にかかわらず5億円です。変動費は1単位当たり3万円とします。

　製品（1台）の販売価格を5万円と設定すると、損益分岐点の販売数量は25,000台となります（図表Ⅳ—13参照）。

損益分岐点＝固定費÷（価格－変動費）＝500,000÷（50－30）
　　　　　＝25,000（台）

　A社がこの製品プロジェクトに20億円を投入しており、目標投資収益率を15％と設定しているとすれば、目標利益額は20億円×15％で3億円となります。この場合の損益分岐点は以下のようになります。

　（500,000＋300,000）÷（50－30）＝40,000（台）

損益分岐点は融資担当者にとっては常識的なものですが、企業が製品計画などを策定する際にも有効なものです。財務分析比率としてだけでなく、新製品の販売計画などを分析する際にも利用することができます。もっと幅広く利用されるべき分析手法だと思います。

コスト・プラス法にしても、損益分岐点による価格設定にしても、算出した価格が妥当かどうかは別の問題です。価格設定を高めにすれば、損益分岐点は下がりますが、一般的には需要量も低下します。生産能力から逆算してプライシングをする乱暴な企業もなかにはありますし、損益分岐点を利用しているからといって、価格設定が必ずしも合理的であるとは限りません。本来、最終的な価格設定は、競争環境や需要の価格弾力性の分析などを経て行われるべきものです。

③売上高総利益率

$$売上高総利益率 = \frac{売上総利益}{売上高} \times 100$$

売上高総利益率はプライシングと密接な関係があり、その数値には以下のようにさまざまなマーケティング要因が反映しています。
◉競合製品の登場などの市場動向
◉企業の市場競争力
◉返品・値引などの状況
◉製品ミックス（マーチャンダイジング）の状態

競合製品の登場などの市場動向は、企業の主力製品のライフサイクルが成長期に入った場合の特徴です。成長期においては（競合製品の登場によって）競合が激化しますから、企業の市場競争力が問われます。仕

入管理の巧拙という要素も影響しますが、売上高総利益率が低下している場合は、販売力が弱いために「意図しない価格競争」に陥っていることも考えられます。

また、これは企業側の課題ですが、特売などで通常よりもプライシングを下げる際には**特売時と通常時の販売量の弾力性を測っておく**必要があります。

$$販売量の価格弾力性 = \frac{販売量の変化率}{価格の変化率}$$

この点をおろそかにしていると、「利益なき価格競争」という泥沼のプライシングに陥ってしまいます。

④売上値引・仕入値引等

売上値引や仕入値引は用語が似ているので混乱する人が時々います。財務分析にも関わることですが、ここで整理しておきます。

〈売上高からの控除項目〉

・売上値引……商品の量目不足、品質不良、破損などのクレームによる値引分

・売上戻り高……品質の欠陥、輸送中の損傷、契約取消等の理由で返品された分

・売上割戻……販売奨励金。一定期間に多量・多額な取引をした取引先に対して行われる売上代金の払戻額。リベート・キックバックとも言う。
実務上は「販売費及び一般管理費」に計上されることもある。

〈仕入高からの控除項目〉
・仕入値引
・仕入戻し高　　売上値引・売上戻り高・売上割戻の逆のもの
・仕入割戻　　　仕入割戻（受取販売リベート）は営業外収益に計上されることもある。

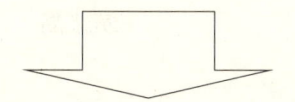

⬇

売上＝当期総売上高－売上値引－売上戻り高－売上割戻高
仕入高＝当期総仕入高－仕入値引－仕入戻し高－仕入割戻

　売上値引・売上戻り高・売上割戻は売上高からの控除科目で、仕入値引・仕入戻し高・仕入割戻は仕入高からの控除科目です。これに対して、売上割引・仕入割引は以下のように営業外損益の部に計上されます。

・売上割引……早めに代金を受け取ったことに対する割引
　　　　　　　金融費用の一種として営業外費用に計上
・仕入割引……早めに代金を支払ったことによって受けた割引
　　　　　　　金融費用の一種として営業外収益に計上

　一般にリベートと総称される販売奨励金などはディスカウント・ストアや家電量販店などの価格政策を支える制度です。これらの業態は、仕入割引の存在も前提にプライシングをしていますから、分析する際には**仕入割引を売上原価から控除**して考えたほうが実態に近くなります。なお、リベートについては、最近はメーカー側から廃止も含めた見直し

の動きがあります。

返品・値引などについては、売上高対比の値引・返品率を見ることによって、企業の商品販売力や品質管理能力を知るうえで参考になります。

$$値引・返品率 = \frac{売上値引高・売上戻り高・売上割戻高}{総売上高} \times 100$$

流通：Place

4Pを唱えたマッカーシーは、当初、Placeの代わりにPhysical Distribution（物流）を採用していました。メーカーから最終ユーザーに至る製品の経路を流通チャネルと呼びます。**流通チャネルは2つに分けて考えられ、ひとつは商取引の流れ**（商流）であり、もうひとつが**モノの輸送・保管**などの物流です。Placeは図表Ⅳ—14に示した流通経路における商流と物流の両者を包含する概念です。

①流通経路とマーケティング

図表Ⅳ—14に示した流通経路は一般に短縮化する傾向にあります。上段に位置する生産者を「川上」、中段の卸売業者を「川中」、下段の小売業者を「川下」と呼びます。川上から川下までの流れを一貫する経営システムがSPA（Speciality Store Retailer of Private Label Apparel：製造小売業）で、代表的存在が「ユニクロ」です。インターネットの利用によって生産者が直接消費者やユーザーと取引する動き（Eコマース）もあり、現在は「川中」にある卸売業者を通さない**「中抜き」の動きが活発**です。この「中抜き」は「問屋無用論」として1960年代から唱え

図表Ⅳ—14　流通経路の種類

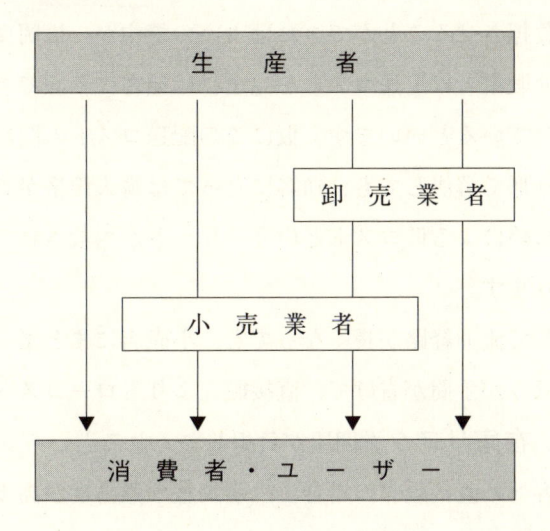

```
          生　産　者
          │  │  │  │
          │  │  │  └─ 卸　売　業　者
          │  │  │         │
          │  │  └─ 小　売　業　者
          │  │         │
          ▼  ▼  ▼  ▼
          消　費　者・ユ　ー　ザ　ー
```

られていたものですが、近年、その動きが加速してきました。メーカーとの直接取引を求めるトイザらスやカルフールなどの流通外資の日本進出や、メーカーや大規模小売業による流通チャネルの再編によって構造改革が本格化しているのです。

　マーケティングにおいて、**流通経路は非常に重要**な問題です。技術系の経営者が率いる製品志向の企業は製品開発力はあっても、概して流通経路を開拓するノウハウがありません。異業種交流会などで画期的な（と思われる）新製品が開発されても、販路の問題でつまずく例がかなりあります。

　インターネットを使って直接顧客に販売すればよいという楽観的な意見を述べる人もいます。顧客に直接販売すれば、確かに流通経路（商流）が短くなりますから低コストになると考えられますが、**物流コストという問題**があります。製品の質量にもよりますが、全国の顧客に届け

るためには宅配便か郵便小包を利用するしかありません。この配送コストを顧客に負担させることができればよいのですが、松岡真宏氏によれば、既存の通販業者は配送コストを完全には顧客に転嫁できず、一部を自社で負担しているといいます。仮にこの配送コストの問題が顧客の全額負担という形で解決しても、顧客にとっては購入価格が高くなるため、流通経路の短縮による低コストというメリットが相殺されてしまう可能性が高くなります。

　問屋を通して流通経路が長くなっても、小売店にまとまった量の製品を納入するほうが手間が省けて、直接販売よりもローコストになる場合があります。**在庫リスク**を問屋が負担してくれるというメリットもあります。顧客への直接販売の場合、生産調整の難易度が高まるため、製造業者には在庫リスクが浮上してくるのです。

　消費者にその製品をどうやって認知させるかという**プロモーションの問題**もあります。プライシングと密接な関連があることですが、大規模な広告を打てば、そのコストも販売価格に上乗せしなければなりません。プロモーション手段は、マスメディアによる（高コストな）広告だけとは限りません。問屋経由で小売店の店頭に陳列することが大きな宣伝効果を発揮することもあります。大規模な広告活動を行わなくても、店頭からじわじわと売れはじめて大ヒットした製品はたくさんあります。これはプロモーション手段の選択にかかわる問題です。

　インターネットあるいはEコマースは、マーケティングにおいて大きな可能性を秘めていると思いますが、安易に「問屋無用論」を支持するべきではないと思います。

　松岡真宏氏は通販企業について次のように述べています。

> 日本における各業態の粗利益率を見ると、百貨店が20%台後半、コンビニが30%前後、スーパーが30%強なのに対し、多くの通販企業では40～50%という水準になっている。こんなに高い粗利益率をとっているにもかかわらず、通販企業の多くは赤字体質である。
>
> ローコストかどうかという議論は、結局売り上げが十分あがった時点で初めて成立するものである。
>
> 出所：松岡真宏『百貨店が復活する日　21世紀日本流通市場論』（日経BP社）

4Pの他の要素と同様に、流通の問題は基本戦略や他の要素との関連で決定していくべき性質のものですが、融資担当者が、製造業の**流通の問題を分析**する場合の一般的なポイントは図表Ⅳ―15のようになります。

②**流通（Place）の分析手法**

■売上高物流費率

流通（Place）に関する分析指標としては、物流の状態を測る**売上高物流費率**があります。

$$売上高物流費率 = \frac{物流費}{売上高} \times 100$$

物流費には、荷造・荷役、保管料、運賃などが含まれます。物流費は製品を顧客の手元に届けるまでの総コストですから、この比率は低いほど良好です。一般には販売費及び一般管理費に計上される費目ですが、製造業の場合は工場間での物流費が発生することがあり、この部分は製

図表Ⅳ―15　流通の問題を分析する際のポイント

①生産地と消費地の距離 　市場に商品を移動させるため製造業者と市場との距離は、マーケティング経路に影響を及ぼす。
②市場の集中度 　市場の集中度は、マーケティング経路の長さを決定する。 　商品の販売がごく限られた地域に集中しているなら、経路は、製造業者が彼らの市場をカバーしうるし、また、市場が広範囲にわたるより費用がかからないため、短くなるようである。
③生産や需要が恒常的なものか季節的なものか 　一般に、恒常的なものの場合、経路が短くなるようである。
④商品が流行性のものであるかどうか 　スタイルなどの変化が激しいものの場合、例えば、婦人服のような買回品は、常に流行が変化する以前に商品を販売しなければならないので、比較的に短い経路で市場に提供される。
⑤製造業者の財政的基盤 　製造業者が、強固な財政的基盤を持っていたり、商品を販売する経済的才能をもっているような場合、中間業者を自社に吸収したり、直接商品を市場で販売する能力を決定する。
⑥購入者の購入数量の大小
⑦商品が耐久性商品か腐敗性商品か
⑧販売にあたり、また販売後に技術的サービスを必要とするか否か
⑨競争の強さ 　競争の激化は、一般にマーケティング経路を短くする。 　激しい競争は製造業者をして集中的に商品を販売させるため、また市場をより良く管理するためマーケティング経路を短くするようである。

出所：出牛正芳『マーケティング管理論』（白桃書房）（一部加工）

造原価に算入されます。

■ 流通と回転期間分析

　流通の問題は、回転期間分析と関連しています。製造業にとって売上債権は、出荷後の**問屋在庫**と小売業の**店頭在庫**に相当します。問屋在庫と店頭在庫の和が**流通在庫**ですが、製品の売上が伸びないと、この流通在庫の回転期間が長期化する傾向があります。商品力が弱いために、営業担当者による押しこみ販売が発生することが多いからです。製品（商品）回転期間が長期化すると「不良在庫の疑いがある」とするのが、通信添削課題や検定試験の解答に頻出する一種の「お約束」ですが、不良在庫とまでは言えない状態、商品力や販売力の弱さに起因する**在庫のダブツキ**とするほうが正確な場合があるかもしれません。こうした点は**現場の調査**などによって確認するべきで、財務比率から安易に判断するべきではありません。

$$売上債権回転期間（日）＝\dfrac{売上債権}{\dfrac{売上高}{365}}$$

　売上債権回転期間が長期化している場合は「不良債権の疑いがある」とするのも「お約束」のひとつですが、ライフサイクルが導入期にある製品や製造者（生産者）が後述するプッシュ戦略を採用している製品は、プロモーションの一環として回収条件を買い手（卸売業者や小売業者）に有利にすることによって市場への浸透を図ることもあります。

　こうした場合も売上債権が増加することがありますから、「お約束」にとらわれずに、マーケティング分析の視点で企業行動を読むことが

必要だと思います。

$$在庫回転期間（日）= \frac{在庫}{\frac{売上高}{365}}$$

在庫のうち、製品・商品の回転期間については前に述べたとおりですが、在庫には仕掛品、貯蔵品、原材料などもあります。これらの回転期間は**個別**に**分析**する必要があります。仕掛品回転期間が長期化している場合は生産効率の低下が疑えますが、販売が順調なら（あるいは企業が強気の販売計画を立てていると）、仕掛品、貯蔵品、原材料の回転期間は長期化することもあります。

$$仕入債務回転期間（日）= \frac{仕入債務}{\frac{売上高}{365}}$$

仕入債務回転期間は、一般的に売上債権回転期間、在庫回転期間と連動性が高いとされています。例えば、売上債権回転期間、在庫回転期間が短いと**キャッシュフロー**が潤沢になりますから、企業は仕入債務の支払を早くして値引などの恩恵を受けようとします。その結果、回転期間が短期化するのです。この点は損益計算書の営業外収益に計上される仕入割引と関連してきます。

■チャネル・ギャップ分析

流通チャネルの状態を分析するための手法として**チャネル・ギャップ分析**があります（図表Ⅳ—16参照）。業界全体の流通経路タイプ別

図表Ⅳ—16　チャネル・ギャップ分析表

	業界全体の流通経路タイプ別売上高構成比(a)	A社の流通経路タイプ別売上高構成比(b)	チャネル・ギャップ (b)−(a)
百貨店ルート	10	0	−10
スーパールート	50	40	−10
CVSルート	15	10	− 5
一般小売店ルート	20	50	＋30
そ　の　他	5	0	− 5
計	100	100	

出所：玉城芳治『マーケティング分析』（同友館）

の売上高構成比と対象企業の流通経路タイプ別の売上高構成比を比較するものです。両者の差がチャネル・ギャップです。チャネル・ギャップの存在自体は悪いことではありません。マーケティングの戦略として意識的にチャネル・ギャップを大きくしている企業もあります。そうした企業が対象ならば、その**チャネル戦略の妥当性が企業分析の焦点**になります。

　問題は、企業が「意図しないチャネル・ギャップ」が広がっていることに気がつかずにいることです。流通チャネルの主流が変化しているにもかかわらず、従来のチャネルを維持していることは戦略のミスマッチにつながります。例えば、書籍の流通ルートとして近年コンビニエンス・ストア（CVS）が急速に台頭しました（マンガ雑誌が中心ですが、販売量で見た場合、日本一の書店はセブン—イレブンなのです）。チャネルの問題に限りませんが、**組織には「慣性の法則」が強く働く**ため、いったん確立した状態や方向性を維持しようとする力が強く働きます。中小企業はこうした外部環境情報の分析を軽視する傾向がありますが、チャネル・ギャップ分析の結果には経営者もかなり興味を示します。

図表Ⅳ—17　マーケット・カバレッジ

	当社製品の取扱可能店数(a)	当社製品の取扱店数(b)	マーケット・カバレッジ$\frac{(b)}{(a)}$(%)	平均対比
A地域	80	25	31.3	77.0
B地域	100	47	47.0	115.6
C地域	63	20	31.7	78.0
D地域	120	40	33.3	81.9
E地域	50	30	60.0	147.5
	413	160	平均40.66	

出所：玉城芳治『マーケティング分析』（同友館）

■マーケット・カバレッジ（MC）分析

　製造業者にとって、自社製品の取扱店の開拓が営業上の重要なテーマです。この状態を見るのがマーケット・カバレッジで、取扱店率とも呼ばれます（図表Ⅳ—17参照）。

$$マーケット・カバレッジ = \frac{取扱店数}{取扱可能店数} \times 100$$

　図表Ⅳ—17では、A地域、C地域、D地域のマーケット・カバレッジが全社平均を下回っています。マーケット・カバレッジのデータを地域別の営業活動の実態と比較してみると、営業活動の濃淡と実績の関係がわかり、**営業戦略の成果と今後の方向性**が見えてきます。

■インストア・シェア（In Store Share：ISS）

　インストア・シェア（得意先内占有率）は、小売店など製品の販売業者の取扱高に占める**自社製品の構成比**です。

第Ⅳ章　マーケティング分析と財務分析

$$ISS = \frac{自社製品の仕入高}{販売業者の同種製品仕入高} \times 100$$

　分子の自社製品の仕入高は企業内情報でわかりますが、分母の販売業者の同種製品仕入高は容易にはわかりません。基本的には**企業の営業担当者の情報収集**によるしかありませんが、販売業者が小売店の場合は店頭陳列のフェイシング数で代替することがあります。

　マーケット・カバレッジが地域別の製品浸透度を表すのに対して、ISSは得意先に対する製品の浸透度を表すと言えます。営業担当者の成績の分析にも使えますが、得意先に対する**拡販の余地**を測る指標として経営計画策定の基礎資料としても利用できます。

プロモーション：Promotion

　流通：Place の項で述べたように、優れた製品（商品）を開発しても、**消費者がその存在を知らなければ**マーケティングは成立しません。プロモーションとは、企業やその商品（サービス）を市場に伝えるための各種の活動を指し、通常は①広告、②販売員活動、③パブリシティ、④販売促進の４つに分類されます。

①広告

　テレビ、ラジオ、新聞などの有料の広告媒体（media）を使い、企業のメッセージを**人によらない手段**で提示することです。図表Ⅳ—18は、各種のメディアの特徴を整理したものです。各メディアのうち、新聞なら日本経済新聞などのように特定の銘柄を指す場合は、ビークル（vehicle）という言葉を使います。

　広告はメッセージの到達範囲は広いのですが、送り手側からの一方通

図表Ⅳ—18　各種のメディアの特徴

	長　所	短　所
テレビ	・広いカバレッジ、リーチ ・映像、音声を伴う ・露出当たりの低コスト	・セグメントしにくい ・絶対的に高いコスト ・メッセージが短命
ラジオ	・低いコスト ・セグメント可能	・音声のみの利用 ・メッセージが短命
雑　誌	・セグメント可能 ・情報量が多い ・メッセージが長命	・視覚だけによる訴求 ・低い柔軟性
新　聞	・広いカバレッジ ・高い柔軟性	・視覚だけによる訴求 ・メッセージが短命
屋　外	・高い反復率、注目率	・特定の地点に限定 ・情報量が少ない
Ｄ　Ｍ	・対象者の絞り込み可能 ・情報量が多い	・接触当たりの高いコスト

出所：和田充夫・恩蔵直人・三浦俊彦『マーケティング戦略』（有斐閣）（一部加工）

行になるのが特徴です。企業や商品を顧客に知ってもらうには、もっとも効果が高いと言えますが、広告で伝えられる情報量には限りがあります。この点では②販売員活動のほうが優れています。

　広告は通常、企業や製品の特徴を肯定的に表現するものですが、逆説的な広告としてネガティブ広告というものがあります。ロングサイズでスリムタイプのタバコのＣＭ（アメリカ）が、かなり以前にテレビで紹介されていました。このタバコをくわえた男性が画面に出てくるのですが、すぐに折れるとか、人ごみでは周囲の人にぶつかって迷惑をかけるといったように、製品の否定的なところばかりを強調するユニークなものでした。日本のネガティブ広告としては「としまえん」の『史上最低の遊園地』（1990年）が有名です。『史上最低の遊園地』とうたったポス

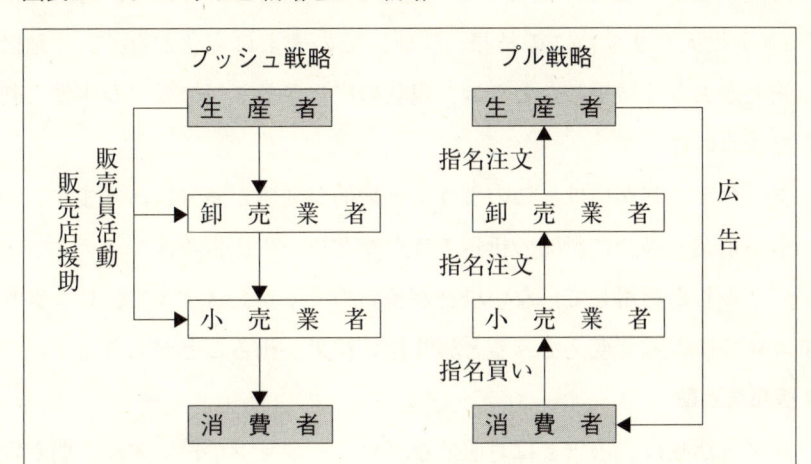

図表Ⅳ—19　プッシュ戦略とプル戦略

プッシュ戦略	プル戦略
販売員活動・販売店援助　生産者 → 卸売業者 → 小売業者 → 消費者	生産者 ← 指名注文 ← 卸売業者 ← 指名注文 ← 小売業者 ← 指名買い ← 消費者、広告（生産者→消費者）

出所：相原修『ベーシック　マーケティング入門』新版（日経文庫）

ターは、泣いている子供と鼻をつまんだ母親の前で父親が「来るんじゃなかった」と頭を抱えているという構図です。ネガティブ広告はうまくいくとインパクトが強くなりますが、自らの（良質な）ブランドイメージを放棄することにもつながりますから、ブランドパワーやその回復力に自信が持てない場合はかなりリスキーな手段になります。

　広告活動を行う場合に悩まされるのが、広告効果の測定です。一般に各種の広告メディアやプロモーション手段を併用するため、どのメディア、どのプロモーションが効果的だったのか、わからない場合が多いのです。この点がはっきりしないと、広告予算の設定、広告媒体の選択などの意思決定が難しくなります。

　簡単な効果測定手段としては以下のようなものがあります。地域特性など共通点が多い（比較が可能な）エリアを選択して、広告費の投入割合を変えてみるのです。現状の広告予算が売上高の5％なら、A地区

には現状どおり5％の広告費を投入し、B地区には7.5％、C地区には2.5％を投入します。この結果、B地区での売上に変化がなく、C地区の売上が大きく減少したときは、現状の広告予算5％は妥当な水準と判断できるわけです。

　マーケティングには、このように実験的な要素が多分にあります。

　中小企業の場合、新聞の折込チラシなど単一の広告手段・メディア・ビークルしか利用していない場合が多いのですが、メディア、ビークルをエリアによって変えてみると興味深い結果が出ることがあります。

②**販売員活動**

　販売員活動は、広告とは対照的なプロモーション手段です。人間が媒体となるため、狭い範囲にしか情報を伝えることができませんが、顧客と双方向のコミュニケーションが実現できます。マーケティングおいて販売員はプロモーションの媒体・手段とみなされるのです。優れた経営者は、販売員（営業担当者）が単に商品を売る―ノルマを果たす―だけの存在ではないことをよく知っています。

　経営者が販売員をどのように見ているかという点は、オペレーション管理や従業員管理の実態をヒアリングする際のポイントですが、経営者からはえてしてよそゆきの答が返ってきます。反証として従業員の意見も聞くと経営者の意見とのギャップがわかって効果的です。

　①広告と②販売員活動のどちらを重視するかによって、プロモーション戦略は**プル戦略**と**プッシュ戦略**に分かれます（図表Ⅳ―19参照）。

　プッシュ（push）は「押す」という意味で、販売員活動というプロモーション手段が川上から川下へ向かって行われるものです。川上の生産者（製造業者）が、川中の卸売業者、川下の小売業者に対して応援、説明や資金援助などのサポートを行います。消費者に対して商品を押して

ゆき、自社製品を**積極的に**販売してもらおうとするものです。

プル (pull) は「引っ張る」という意味です。消費者に広告で製品をアピールし、小売業者に対して**指名買**いをしてもらおうとするものです。製品は、末端の消費者から川下（小売業者）→川中（卸売業者）→川上（製造業者）へ指名注文されていきます。

アメリカではプル戦略が主流です。地理的に広大な市場のため、広告で消費者に働きかけて小売店に引っ張ろうとするのです。結果として、広告費などのコストが高くなります。国土が狭く、消費者が高密度で居住している日本では、プッシュ戦略が重視されていますが、アメリカに比べて流通コストの負担が相対的に大きくなると言えます。

流通：Place のところで述べたインターネットなどによる消費者への直接販売は典型的なプル戦略ですが、広告費に見合う売上が上げられるか否かがポイントになります。次に述べるパブリシティが効果的に使えればよいのですが、その性質上、難しい面があります。

③パブリシティ

パブリシティとは広報活動のことで、マスコミ関係機関に自社、自社の製品について情報提供し、テレビ、新聞、雑誌などの媒体を通じて紹介してもらうことです。パブリシティのメリットはコストが低く、消費者に対して公正、客観的だと受け止めてもらえることです。問題は紹介するか否かの決定権がメディア側にあることです。企業が主体的に動けるのは、メディアに情報提供するところだけで、後はコントロールが効きません。知名度が高い企業はトラブルなどが発生すると負のパブリシティ効果も大きくなりますから、パブリシティには風評リスク管理という側面もあります。

パブリシティと似た効果を持つのが口コミ効果（word—of—mouth

influence）です。企業側から意識的に情報提供するわけではなく、顧客同士のコミュニケーションとして自然発生するものです。パブリシティ以上にコントロールが効きませんが、その効果は大きなものがあります。製品の種類にもよりますが、「○○を買うなら、あの店（製品）がいいよ」という顧客同士の紹介は非常に影響力が大きいからです。ハウスメーカーなどにとって、最高のプロモーションは口コミかもしれません。

あるブティックはオリジナルの紙製のショッピング・バッグにデザインも含めて相当のコストをかけています。ターゲットである若いOLが通勤時にバッグとは別に下げて歩けるようにというコンセプトで作られたものです。その結果、オシャレなショッピング・バッグがOLの間で話題になり、その店のことが口コミで広がるという広告効果が出ています。

④販売促進

販売促進は英語にするとプロモーションになるため、この④販売促進のことをプロモーションと言う人がいますから、話が混乱しないように注意が必要です。販売促進は、プロモーション活動から①広告、②販売員活動、③パブリシティを除いたもので、プレミアム、コンテストなど多種多様なものが含まれます。

プレミアムとは景品のことで、プレミアム・セールは景品付販売です。クイズやアンケートなどで応募者を集めるコンテスト、ボールペンやカレンダーなど企業名、製品名が入った記念品の贈呈なども販売促進に含まれます。この記念品（謝礼品）をノベルティ（novelty）と呼びます。

製品の見本を配って、消費者に試用してもらうことはサンプリングと言います。この他、各種のイベントなども販売促進に含まれます。

小売業のPOP広告（購買時点広告）も販売促進のひとつです。POP

とは Point of Purchase（購買時点）の略で、小売店における店頭広告です。

　製造業者が卸売業者や小売業者を対象として行う販売促進もあります。特別出荷やアロウワンス（allowance）などの特典です。特別出荷とは、10ケースの注文に対して11ケースを出荷するなどの特別出荷条件です。アロウワンスは機能対価リベートと呼ばれるもので、卸売業者や小売業者が自社製品を広告したり、大量陳列など有利な陳列をした場合に支払う金銭的見返りのことです。一般に言うリベート（rebate）との違いは、アロウワンスが特定の製品を対象とした短期的な割引であるのに対して、リベートは流通業者との長期的な取引（関係）を前提にしていることです。製造業者がプッシュ戦略を採用する場合、各種の販売促進活動を組み合わせて、流通業者（卸売業者、小売業者）に働きかけることになります。

　4Pのうち、プロモーションの部分にウェイトを置いているのが、広告代理店のマーケティングですが、プロモーションはあくまでも4Pの他の要素・基本戦略との整合性を保っていることが前提です（図表Ⅳ—20参照）。

⑤プロモーションの分析

　プロモーションのうち、広告活動に関する分析比率の代表的なものが、**売上高広告費率**です。

$$売上高広告費率 = \frac{広告費}{売上高} \times 100$$

　企業分析全体に共通することですが、この比率も過去数年のトレンド

図表Ⅳ—20

```
市場環境 →  基本戦略
            ├─ 製品
            ├─ 価格
            ├─ 流通
            └─ プロモーション
                ├─ 広告
                ├─ 販売員活動
                ├─ パブリシティ
                └─ 販売促進
         ← 経営資源
```

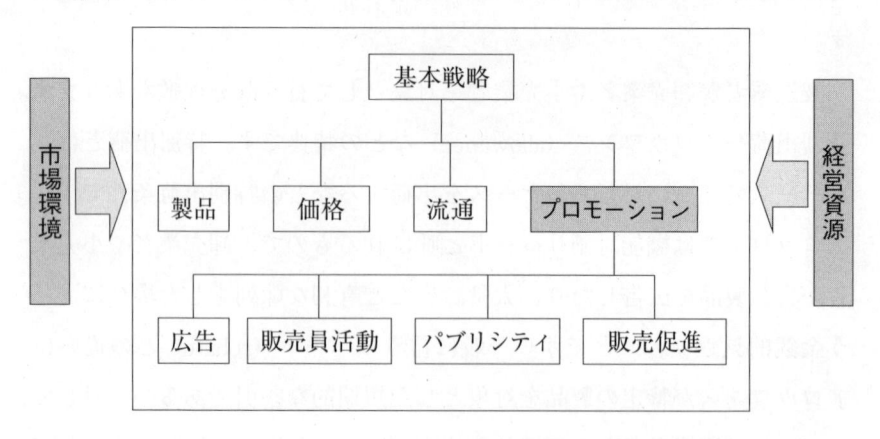

を見ます。企業の内部資料で地域別・媒体別の広告費データとその売上高データがあれば両者を対比します。

　トレンドの分析（傾向分析）と関連するのが、**広告費伸び率**です。この比率と売上高増加率の弾力性を測ることも、企業のマーケティング力評価の一手段です。

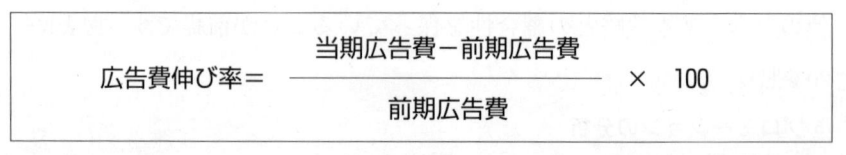

$$広告費伸び率 = \frac{当期広告費 - 前期広告費}{前期広告費} \times 100$$

　売上高広告費率の逆数が**広告費効率**で、広告費1円当たりの売上高を示します。

$$広告費効率 = \frac{売上高}{広告費}$$

　広告の効果分析のためには広告費を売上高と対比するだけでなく、利

益と対比して考える必要があります。売上が伸びても、広告費やその他の経費がかさんで**利益率が低下**してしまっては**意味がない**からです。この点を見る指標が**広告費貢献度**です。売上高広告費率は低下傾向（広告費効率が上昇傾向）でも、広告費貢献度が低い場合はその他の要素に問題があると考えられます。

$$広告費貢献度 = \frac{営業利益}{広告費}$$

この式の**分子に販売奨励金を置け**ば、そのまま販売促進の効果分析の指標となります。一般に広告費のウェイトが大きければマーケティング戦略はプル戦略重視で、販売奨励金のウェイトが大きければプッシュ戦略重視と言えますが、実際には両者を混合して採用している企業が多いので、比率分析だけでは明確な線引きができません。むしろ、ヒアリングの結果と照合して、企業の戦略に一貫性が保たれているか否か（戦略の方向性と結果としての財務分析比率との整合性）を検証する手段として利用するべきだと思います。

10 定量的マーケティング分析の基本

本章で述べた定量的なマーケティング分析の基本を整理すると、以下のようになります。

---

①傾向分析(トレンドの分析)
　売上高や利益、各種のマーケティング要素の数値がどのように推移してきたかを見る。
②クロス分析
　ポートフォリオ・マトリクスや弾力性の分析によって、関連するマーケティング要素の数値を組み合わせて分析する。
③分析結果とヒアリング結果とを照合して、マーケティング戦略の論理性(一貫性)を評価する。

　基本的な分析やヒアリングを十分に行わないで、いきなり内部資料に頼った枝葉の分析を入れるのは大きな**手順前後**になります。財務分析から入るか、ヒアリングから入るかはケースバイケースですが、どちらの作業においても企業に対する仮説を立てて、その**検証作業**として財務分析やヒアリングを行うという姿勢が必要です。マーケティング自体が、仮説の設定とその検証というプロセスで成り立っているものだからです。

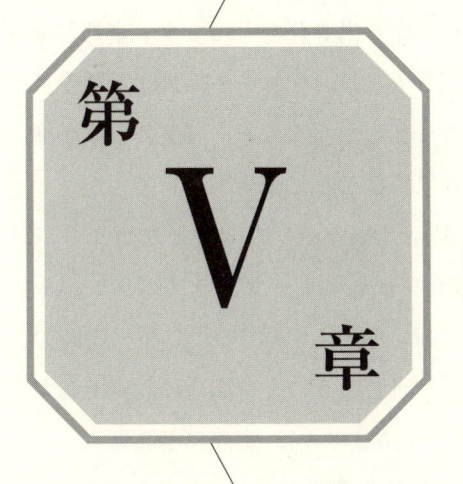

第Ⅴ章 マーケティング戦略の考え方

1 中央線小淵沢駅の名物駅弁「元気甲斐」

　中央線小淵沢駅に全国的にも有名な駅弁「元気甲斐」があります。1985年に、テレビ朝日の番組の企画として売り出されたものです。京都と東京の有名料亭が献立を創案し、「元気甲斐」というネーミングは、(確か)コピーライターの糸井重里氏が担当しました。それを、一流の書家が揮毫して、著名なデザイナーが駅弁の包装紙としてデザインしました。

　マーケティングの4Pにおける製品(Product)の開発とプロモーション(Promotiom)を全国ネットのテレビ局とトップクラスのメンバーが担当したわけです。価格(Price)は、現在1,300円です。発売当時の価格は覚えていないのですが、現在と同じようにやや高めの設定でした(価格は発売時から変わっていないかもしれません)。実際に製造販売(と流通：Place)を担当するのは地元の中小企業でした(企業名を覚えていないので、A社としておきます)。番組は、製品の企画から実際に販売を開始するまでをドキュメンタリータッチで放送するものでした。興味深く見ていましたが、この番組のなかでとても印象に残っているシーンがあります。

　A社がいざ「元気甲斐」の製造を開始するという時点で問題が起こったのです。販売目標か損益分岐点だったか、数字の記憶もあいまいなのですが、1日当りの製造量の目標が3,000食なのに、米を炊く釜のキャパシティの関係で1日2,000食が限度だとわかったのです。A社では会長以下、社員が集まって対策会議を開きました(社員といっても同族

会社ですから、ほとんどが家族従業員だったと思います)。機械設備の生産能力の限界はどうしようもありません。「釜を追加購入して製造ラインを増設するのかな」と思って見ていました。画面では深刻なムードで話し合いが続いていました。そして、最終的な結論を出したのは最長老の会長でした。

「1日3,000食。これでいくよ」

会長の力強い一言で会議は終わりました。1日2,000食分しか炊けない釜で、3,000食分の米を炊くのは不可能です。その閉塞状況をどう乗り切るのかと興味を持って見ていたのですが、**問題解決案は会長のこの一言だけだったのです**。もちろん、テレビ的な演出があったのだろうとは思います。ただ、論理性よりも精神力を重視する経営の実態を示す事例として強く印象に残っています。

この「元気甲斐」のエピソードを踏まえて、戦略における論理性を中心にマーケティング戦略の考え方について述べます。収益率などの財務比率を軽視する家業（非企業）については、本章で述べる戦略的思考の有無という観点から経営者を評価することになります。

2 戦略的マーケティングの枠組み

市場環境と戦略

図表V―1は第I章で紹介した戦略的マーケティングの枠組みの概念図（図表I―1再掲）です。

図表V—1　戦略的マーケティングの全体枠組

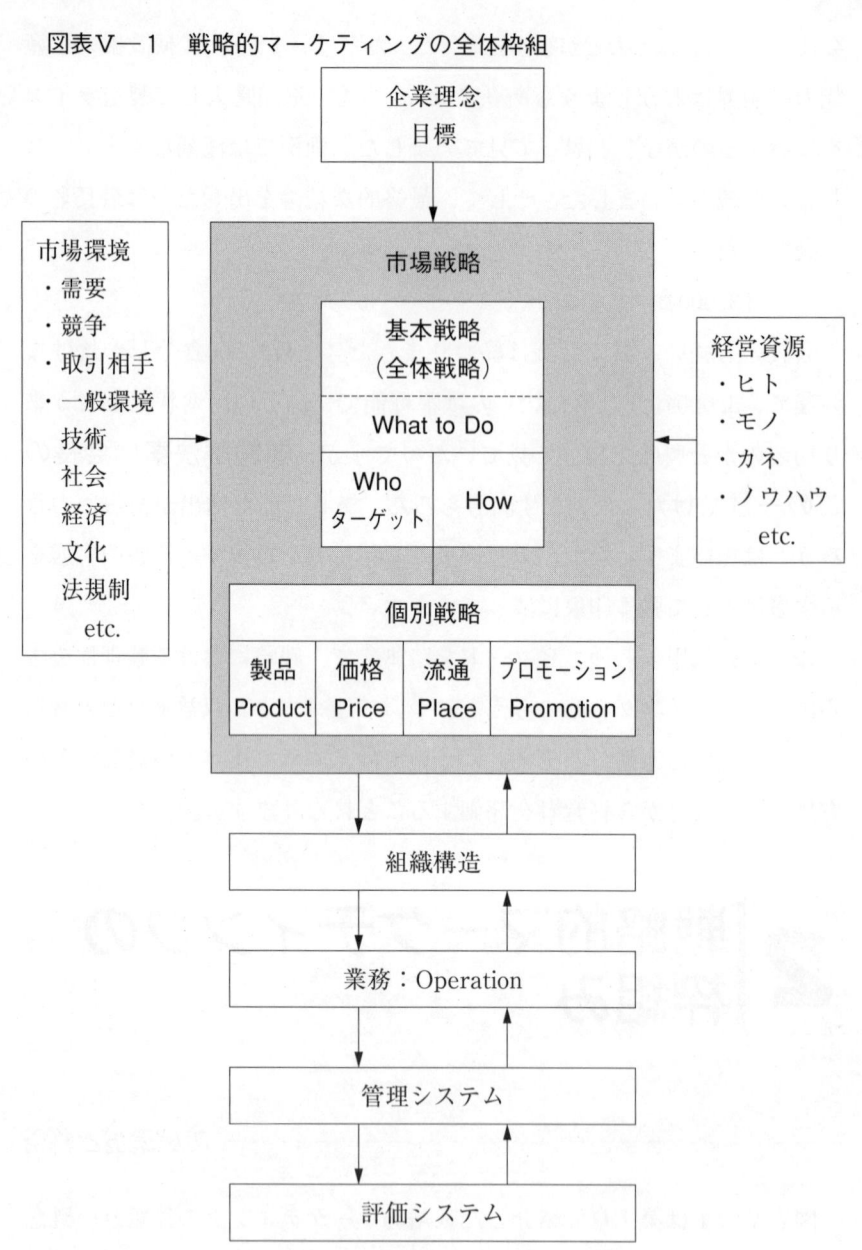

```
                    ┌──────────┐
                    │ 企業理念  │
                    │   目標    │
                    └────┬─────┘
                         ↓
┌──────────┐    ┌─────────────────────────┐    ┌──────────┐
│ 市場環境  │    │        市場戦略          │    │ 経営資源  │
│ ・需要    │    │  ┌───────────────────┐  │    │ ・ヒト    │
│ ・競争    │    │  │    基本戦略        │  │    │ ・モノ    │
│ ・取引相手│    │  │   （全体戦略）     │  │    │ ・カネ    │
│ ・一般環境│ →  │  │   What to Do      │  │ ←  │ ・ノウハウ│
│  技術    │    │  │ ┌──────┬────────┐ │  │    │   etc.   │
│  社会    │    │  │ │ Who  │  How   │ │  │    │          │
│  経済    │    │  │ │ターゲット│    │ │  │    │          │
│  文化    │    │  └─┴──────┴────────┘─┘  │    │          │
│  法規制  │    │      個別戦略            │    │          │
│   etc.   │    │ ┌────┬────┬────┬─────┐ │    │          │
│          │    │ │製品│価格│流通│プロモーション│    │          │
│          │    │ │Product│Price│Place│Promotion│ │    │          │
│          │    │ └────┴────┴────┴─────┘ │    │          │
└──────────┘    └─────────────┬───────────┘    └──────────┘
                              ↓↑
                    ┌──────────────┐
                    │   組織構造    │
                    └──────┬───────┘
                           ↓↑
                    ┌──────────────┐
                    │ 業務：Operation│
                    └──────┬───────┘
                           ↓↑
                    ┌──────────────┐
                    │  管理システム │
                    └──────┬───────┘
                           ↓
                    ┌──────────────┐
                    │  評価システム │
                    └──────────────┘
```

出所：嶋口光輝・石井淳蔵『現代マーケティング』［新版］（有斐閣）（一部加工）

第Ⅴ章　マーケティング戦略の考え方

　第Ⅰ章で述べたように、戦略的マーケティングは「経営戦略と表裏一体化」したもので、経営活動そのものとほぼ同義としてとらえられるものです。企業理念（ミッション）と各種の市場環境、経営資源との「適合」（Fit）を図って策定されるのが市場戦略です。この「適合」という概念は非常に重要です。第Ⅰ章の大衆市場と分衆市場のところで述べたように、市場環境といかに適合するか（市場のニーズとのミスマッチをいかに避けるか）がマーケティング（企業経営）のテーマだからです。

　マーケティング戦略の目的は、第Ⅳ章で述べたように経営環境（何をするべきか：Should）と経営資源（何ができるか：Could）の適合（Fit）を図ることです。融資担当者として企業を評価する場合は、企業戦略が**環境との適合性を無視したひとりよがりの戦略**になっていないかという点がポイントになります。

　市場戦略は基本戦略と個別戦略に分けられます。基本戦略は企業が誰に（Who）に何を（What to do）どのように（How）するかを定義したものです。個別戦略を構成する「製品」（Product）・「価格」（Price）・「流通」（Place）・「プロモーション」（Promotion）の4要素を総称して4Pと呼ぶことも前述のとおりです。戦略的マーケティングに対して、この4Pのレベルを中心とするのがマーケティング・マネジメントです。マーケティング分析においては、基本戦略と個別戦略（4P）との整合性も見る必要があります。

────────────────────────── *組織構造と戦略*

　また、市場戦略（基本戦略＋個別戦略）は組織構造との適合性を保持していなければなりません。「組織は戦略に従う：Organization follows strategy.」（A. チャンドラー）という有名な命題があります。組織構造

は戦略の方向性と整合性をもって設計されている必要があります。販売チャネルとして営業マンによる人的販売を選択していながら、ダイレクトメールによる通信販売の担当者のほうが質量ともに充実しているという**矛盾**があってはいけないのです。もっとも、戦略は未来志向の概念ですから、現時点で矛盾が存在していても、その**矛盾を解消する方向性**が経営計画などに明示されていればかまいません。

一方、「戦略は組織に従う（組織が戦略を規定する）」とも考えられます。組織構造をあまりに無視した戦略もまた評価できません。組織構造や組織実行力を無視した戦略は「画に描いた餅」になってしまいます。企業の戦略性、企業戦略を評価する際には、その戦略が**企業理念、市場環境、経営資源、組織構造に適合しているか否かを総合的に分析する**必要があります。

優れた企業は、図表Ⅴ―1の枠組みにきれいに収まることが分析してみるとわかります。

3 戦略とは何か

―――――――――――― 戦略は企業ごとのオーダーメイド

戦略（Strategy）の語源は、ギリシャ語の"Strategos"で「将軍の術」（the art of the general）という意味です。本来は軍事用語ですが、1960年代に企業戦略論の研究が進み、1980年代にマーケティングと融合して戦略的マーケティングという概念が登場したことは前述のとおりです。

戦略（論）の基本書として頻繁に取り上げられるのが『**孫子の兵法**』

です。2,300年以上も昔の中国に成立した古典ですが、アメリカではビジネススクールにおける必読書の1冊に入っているそうです。日本でも『MBA100人が選んだベスト経営書』(東洋経済新報社)で第33位に入っています(日本のMBAはアメリカのビジネススクール出身者が多いので当然かもしれませんが)。「孫子」は、もちろん現代の科学兵器の存在などを前提に書かれているわけではありません。しかし、戦略の研究などを行う戦争学は、社会科学のひとつとして歴史の事例から法則性を見出すことを目的としています。「孫子」が現在でも戦略論の基本書としての地位を保っていることは、戦いの原理・原則は時代を超えて通用するということを示しています。ただし、戦略は最終的には企業ごとのオーダーメイドになります。原理・原則を理解したうえで、いかに自企業の戦略に適用するかで、経営者の戦略策定能力が問われるのです。

事例を数多く読む

戦争学と同様にマーケティングも概して帰納法的なアプローチを採用する分野です。第Ⅰ章で述べたように、企業分析を行う融資担当者は当初、理論から企業を見ることになりますが、マーケティング分析を行うためには、個々の企業の事例から共通項を整理して一般概念へ転化するという抽象思考が必要です。こうした思考法に関する勉強方法には決定的なものがありません。思考法について書かれた書籍もありますから、それらを読むこともよいと思いますが、個人的にはマーケティングの**事例を数多く読む**(ケース)ことが有効だと考えています。多くのケースを読んで分析することによって、さまざまな企業行動を一般化する訓練を積むのです。読みこむ事例はマーケティング関連のものに限りません。『失敗の本質』(戸部良一・寺本義也・鎌田伸一・杉之尾孝生・村井友秀・野中

郁次郎，ダイヤモンド社・中公文庫）は大東亜戦争を素材として戦史への社会科学的分析の導入を試みたものですが，マーケティング戦略のテキストとしても非常に示唆に富んでいます。新田次郎氏の『八甲田山　死の彷徨』をテキストに，リーダーシップの状況適合理論の事例研究を行っている野中郁次郎氏の『経営管理』（日経文庫）や，テレビ・ドラマを素材にした『「王様のレストラン」の経営学入門』（川村尚也，扶桑社）のような書籍もあります。

　前述のように司馬遼太郎氏の『坂の上の雲』も戦略・戦術や組織について考えるとき，非常に示唆に富んでいます（『MBA100人が選んだベスト経営書』でも第24位に入っています）。この小説の主人公のひとりは，日露戦争において日本海海戦の戦略・戦術を策定した天才的な参謀，秋山真之です。

　日露戦争開戦前，アメリカに留学した秋山は，当時の海軍戦術の権威であるマハン大佐の教授を受けます。と言っても，半日ほどの2回の面会で戦略・戦術の研究方法を聞いただけでした。その研究方法は，「過去の戦史から実例を引き出して徹底的に調べ，得た知識を分解し，自分で編成しなおし，自分なりの原理・原則をうちたてる」というものです。秋山は早速，過去の戦史研究に取りかかり，陸戦はもとより海賊（水軍）の戦法までをも研究して自らの戦略・戦術の原理・原則を編み出しました。その後，日本海にロシアのバルチック艦隊を迎え撃った連合艦隊は秋山の戦略に基づいて戦い，海戦史上稀に見る完全勝利を挙げたのです。

　過去の事例研究から原理・原則を打ちたてるというマハンの帰納法的なアプローチは，いかにもプラグマティズムの国アメリカらしい方法論です。アメリカのビジネススクールがケーススタディ中心の教育システムを採用しているのもその思想的風土に基づくものです。中小企業診断

士養成課程に在籍していたとき、秋山真之と同様の方法を採ろうとしたのですが、当時は良質なケーススタディが容易に手に入らなかったので過去の企業診断の報告書を代用しました（注1）。

ケーススタディのメリットは、経営上の問題を分析し、最終的な意思決定を行うというプロセスをビジネスの現場にいるように疑似体験できることです。企業診断のレポートはそうした意図の元に設計されているわけではありませんが、企業規模や業種の異なる企業のケースを読んでいくうちに、業種特性や各企業の個別性が消えて、どんな企業にも共通する経営の仕組み（原理・原則）のようなものが見えてきました。そして、難解な経営戦略論や組織論の記述が急に身近になってきたものです（もちろん秋山真之のように「自分なりの原理原則をうちたてる」までには至りませんでしたが）。

（注1）現在なら『マーケティング革新の時代』1〜4（嶋口充輝・竹内弘高・片平秀貴・石井淳蔵編，有斐閣）が事例研究に適切だと思います。慶応大学のビジネススクールのケースも購入できます。

4 戦略と戦術

―――――――――――――― "What to do" と "How to do"

戦略という用語はかなり一般化しており、さまざまな使い方をされています。「コスト削減戦略」「人材育成戦略」「在庫一掃戦略」「売上倍増戦略」（？）……これらの表現がすべて不適切だとは必ずしも言いきれ

ないのですが、かなり違和感を覚えるものもあります。**戦略と戦術の混同**があるからです。興味深いのは、本来、戦術と呼ぶべきものを戦略と称するパターンが大半で、その逆はほとんどないことです。表現だけでなく、戦術を戦略として認識して活動するケースが実際にも多々あります。

　戦略とは「企業のあるべき姿を想定して何をするか（What to do）を決定するもの」です。「経営企画」と置き換えてもかまいません。本来が「将軍の術」ですから、戦略は大局的で長期的な概念です。これに対して、戦術はより局所的で短期的な概念です。戦略—What to do—に対して言えば、戦術は"How to do"です。「何をするか」という戦略（＝コンセプト）を、どのように実現するか（How to do）という方法論が戦術です。図表Ⅴ—1でいえば、個別戦略の4Pが戦術に当たります。

　また、戦略・戦術の下位概念として「戦技」（戦闘技術）があります。これも軍事用語です。戦技は組織内の個人レベルの概念で、戦略的マーケティングの枠組みにおいてはオペレーション（Operation：業務・実務行動）と呼ばれるものです。小売業ならば店頭における販売活動がオペレーションに該当します。

―――――――――――――――――――――― *論理的思考が必要*

　「戦略—戦術」、「戦略—オペレーション」はしばしば混同されますが、本来、「何をするか」（What to do）を決めずに「どうやるか」（How to do）は決定できないはずです。戦略よりも戦術やオペレーションが優先してしまうという「手順前後」が発生するのは、**戦略策定者（多くは企業経営者）の論理性の欠如**に起因するものです。各種の概念を理解

することは重要ですが、戦略的思考を発揮するためには「論理的に考えること」が要求されます。これは**企業経営者**にも**企業分析**を行う**融資担当者**にも**共通**することです。原理・原則だけでは戦争には勝てません。原理・原則を具体的な戦略に転化する際に論理性が必要となるのです。

企業分析に限りませんが、分析という作業はまず対象を大きくとらえることから始まります。第Ⅳ章で紹介したような新しい分析手法を覚えると、それを使いたいためにいきなり細部の分析から入ってしまう人がいます。そして、期待していた分析データが手に入らないと、分析作業自体が中断してしまいます。「データがないので分析できない」という言い訳は、こういう場合の常套句ですが、分析者としてはタブーのセリフです。分析技法に見合ったデータがなければ、**別の側面からアプローチ**しなければなりません。

分析とは**仮説の検証作業**です。個々の分析手法から分析に入るのではなく、ヒアリングや財務分析の結果から、対象企業に対する仮説を立てて、その仮説を検証するために調査や分析を重ねるというスタンスが必要です。企業分析を行う融資担当者にとって、この仮説思考は非常に重要なものです。

『孫子』と並ぶ戦争学のテキスト『戦争論』を著したクラウゼヴィッツ(1780～1831)は戦争において入手する情報の「最も多くの部分はかなり不確実である」(篠田英雄訳・岩波文庫)と述べています。そして、**将校**は**情報の「識別力」**を持ち、「確からしさの法則」に従わなければならないとしています。企業経営も企業分析も同じです。戦略的な意思決定や企業分析に必要な情報が、事前にすべて得られることはめったにありません。「確からしさ」(確率)について定量化が可能ならば、ゲ

ームの理論などの意思決定モデルが参考になりますが、それはレア・ケースです。限られた情報から状況を判断して、ベター（ベストであることはめったにありません）の方策を選択する必要があるのです。

　繰り返しますが、企業分析も戦略策定も、まず企業の全体像やあるべき姿をとらえるために大きく考える（対象を広い視野から眺める）ことが必要です。金融機関の職員は概して細部に目が行きがちなので、この点は意識的に是正するべきです。

マーケティング分析によりリスクを軽減

　また、「長期的」という戦略の性質は「未来志向」と言いかえることが可能です。企業の戦略を分析する以上、企業分析も**企業の未来（将来）を予想する**ことにウェイトが置かれます。財務分析は過去の分析と先に書きましたが、融資担当者は過去のデータを読みながら、それを企業の現在進行形の姿と考える傾向があります。しかし、企業が進んでいる方向性を読むためには、経営の仕組みを分析するマーケティング分析が必要です。

　予想という作業は必ずリスクを伴うものです。融資（投資）も将来に向けて行うものですから、当然予想のリスクを伴います。金融機関のリスク管理の観点から言えば、マーケティング分析は**予想のリスクを軽減する**という機能を果たします。融資審査において、財務分析だけでマーケティング分析を行わないということは、将来のリスクに対して一面無防備で接することになります。現在の金融界では、一般的に格付システムで過去の分析（財務分析）を行い、その結果が良ければ保全を確保したうえで融資判断は終了します。しかし、**マーケティング分析の欠落は大きなリスクテイク**につながりますから、金融機関のリ

スク管理体制としては疑問符がつくところだと思います。

5 マネジメント・サイクルに対する誤解

──────── 計画の立案前に調査、戦略策定が必要

　戦略とは、一言で言えば「What To Do」(何をするか)ですが、もう少し厳密に言えば、戦略の策定に当っては「What」(何を)、「Who」(誰に)、「How」(どのように)という基本的な要素(コンセプト)を決定する必要があります(注2)。そのうえで、販売・仕入・人事などの具体的なオペレーションを設計していくべきなのですが、多くの経営者は「What」・「Who」・「How」よりも「How Much」(いくら売るか)という発想のほうが勝っています。

　日本の(中小)企業経営者には、戦略的な思考が欠如していると言われることがあります。経営者に「大衆市場」の幻想が残っていることも一因でしょうが、中小企業の場合、生業(家業)的色彩が濃いこと、また近年まで真に厳しい競争環境にさらされていなかったことが外的原因として挙げられます。業界によって濃淡がありますが、例えば流通業界には大規模小売店舗法などの保護政策が長らく存在し、市場の閉鎖性が海外から指摘されていました。保護環境や規制された環境下においては、大きな失敗者は存在しませんが、戦略の切実な必要性もまた低下してしまいます。戦略的思考が軽んじられる背景には、以前の**保護環境の厚さ**が影響していると考えられます。

図表V—2　Plan の前に Research、Strategy が必要

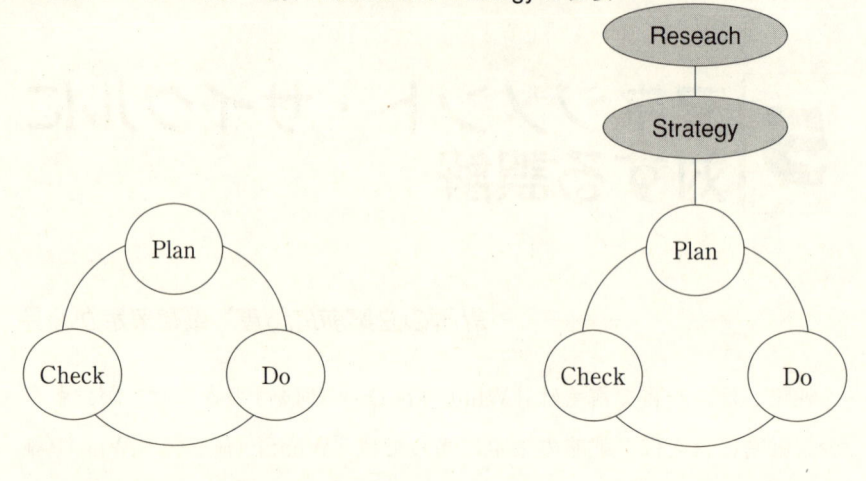

戦略的思考が欠如する内的原因として考えられるのが、Plan—Do—Check（計画—実行—検討）という有名なマネジメント・サイクルに対する**誤解**です。**計画の立案に先立**って戦略を策定するためには、まず現状を分析しなければならず、分析をするためには**調査**（Research）が必要です。**戦略**（Strategy）は、この調査結果の分析に基づいて策定されるべきものです。P—D—Cサイクルも当然このR（調査）とS（戦略）を前提にするべきなのですが、計画立案担当者（経営者）にこの意識が欠如していると、計画は単なる努力目標か一種の期待値の羅列になってしまいます（図表V—2参照）。

P—D—Cサイクルはシンプルでわかりやすい点が長所ですが、使い方を間違えると戦略性の欠如という弊害が出ます。経営計画の内容だけでなく、「計画の作り方」を見るのも融資担当者の仕事のひとつです。

（注2）WHO—ターゲットの設定—は製品ラインの幅や小売業なら店舗の規模などによって、個別戦略（4P）レベルにおいても必要です。

第Ⅴ章　マーケティング戦略の考え方

6 戦略と計画

戦略に整合性はあるか

「戦略─戦術」、「戦略─オペレーション」の関係と同様に、「**戦略と計画**」の混同も現場では多々見られます。「戦略＝計画」であるという思いこみが、企業経営における戦略性の欠如につながっています。「What」・「Who」・「How」よりも「How Much」(いくら売るか)という発想のほうが勝っている企業は、概して売上高重視の計画を策定します。「売上はすべてを癒す」という発想が強いせいかもしれません。利益重視の計画（方針）を打ち出す企業もありますが、営業などのオペレーション・システムは相変わらず目標売上高をにらんで活動していることが多いものです。

こうした計画に基づいて企業が活動することが危険であることは言うまでもありません。例えば、業界全体が過熱して価格競争（コストダウン）に躍起になっている時に、状況を無視して売上拡大志向の経営計画を立てると、利益率が低下して資金繰りに窮するような事態になりかねません。現場にいると、こうした事例を目にすることは珍しくないと思います。売上高の増加を目標に経営計画を立てて活動するのはシンプルでわかりやすいのですが、必ずしも戦略的な整合性があるわけではありません。

目標数値だけの計画ではダメ

　中小企業の場合、計画さえ立てていないことが多いのですが、計画があってもあまり説得力がないことがあります。「売上目標は前年比110％」などと、なんとなく経営者が決めます（損益分岐点などを考慮していることさえまれです）。では、どうやって10％の増加を勝ち取るのかと尋ねると、「社員全員が一丸となってがんばる」とか「**努力と根性**で目標必達」など、途端に精神主義的色彩が濃くなってしまいます（司馬遼太郎氏は『坂の上の雲』のあとがきで、「たれかの言葉に、精神主義と規律主義は、無能者にとっての絶好の隠れ蓑である、ということがある」と書いています）。

　士気の低い組織が優れた業績を上げられるわけはありませんが、「努力と根性」だけでは現代の多様化した市場には対応できません。しかし、企業経営者には「まず売上ありき」という高度経済成長時代の固定的な市場観や、バブル経済時代の成功体験に相変わらずとらわれている人が多いようです。「What」（何を）、「Who」（誰に）、「How」（どのように）という基本的な発想が欠如しているのです。逆に言えば、こうした発想を持って経営を考え、計画を立てている企業は評価できるわけです。このレベルに達している企業なら、分析は戦略や計画の妥当性を検討することが中心になります。

　経営計画は目標数値を羅列するだけでなく、戦略の実行手段（マーケティング戦術）、具体的なオペレーション・システムを記述したものでなければなりません。この計画の策定において重要なのは、**戦略の具体的な実行手段を決定した後、目標数値を決定すること**です。先に目標数値を決定してから実行手段を決めるという「手順前後」があると、

目標数値に対する実行手段の裏付けがなくなることが多くなります。数値に対して辻褄を合わせようとするため、実行手段の記述が具体性を欠くことになるからです。

企業経営者に戦略の必要性を説くと、「戦略があれば売上が伸びるのか」という反対抵抗を受けることがありますが、これに対しては「戦略さえなくて、どうやって売上を伸ばすのか」という反論が可能です。もちろん、戦略さえあれば企業の業績が向上するわけでありません。企業業績は**「戦略×オペレーション（業務・実行）」で決まる**と考えるべきです。この式は乗算ですから、どちらかの項目がゼロなら、答（業績）もゼロになってしまいます。戦略とオペレーションは自転車の前輪と後輪のような関係にあると言えるでしょう。

7 日本的経営と戦略的思考

日本的経営の特質

本書において記述する戦略論は「分析型戦略論」と呼ばれる範疇に属するものです。欧米、特にアメリカで開発された理論・手法を中心とする伝統的な経営戦略論です。日本には1960年代以降、この欧米型の戦略論がさかんに紹介されましたが、日本企業の経営にそれらが十分に根づいたとは言えません。前述のように日本企業の経営の特質はその「行動性」にあり、一般には戦略の策定（formulation）よりもオペレーションが優先されています。

こうした特質は、欧米企業をリーダーとすれば、戦後の日本企業がフ

ォワーというポジショニングにあったせいかもしれません。フォロワーの基本戦略は「模倣」です。戦略については欧米企業のそれに追随し、オペレーションについても模倣して、その改善・改良に注力することでリーダーを追い上げ、追いついたのです。この過程で「KAIZEN」は海外で日本的経営のキーワードになりました。日本企業は概してオペレーションのウェイトが高い時代に成功体験を蓄積してきました。戦後の日本企業の成長は分析型戦略論の限界を示したとも言えます。ただし、それはソニーやホンダなど一部の企業について言えることですし、日本の優良企業が戦略の要諦である「論理」を重視していたことは各種の研究書などでわかります。

　悪い意味での「行動性重視」というスタイルの前提には、「先のことはどうなるかわからないから、とにかく行動してみて後から考える」といったニュアンスがあります。「統制の幻想」（Illusion of Control）と呼ばれる心理的傾向の一種です。

〈統制の幻想（Illusion of Control）〉
　意思決定者が心理的傾向として、コントロールできない要因の結果に対する影響力に比べて、コントロールできる要因の影響力を過大に評価しがちになること。

　この場合の「コントロールできない要因」とは「先のこと」であり、「コントロールできる要因」が「自らの行動」です。
　マーケティングという抽象的な思考のプロセスよりも具体的な販売行動を重視するセリング志向の背後にも、この心理的傾向がひそんでいると言えるかもしれません。

ある程度の規模の企業になれば経営計画は作っていますが、作成者は自分で作っていながら、その計画をあまり信用していないことがあります。計画の作り方が悪いという側面もあるのですが、作成者（多くの場合、経営者）の心理に「どうせ先のことはわからないから……」という諦観があるからです。多くの場合、一度策定した計画は年度末まで修正されることはありません。その結果、経営者も従業員もあまり信じていない計画を奉って、皆が活動するという悲喜劇が起こります。

 こうした状態の改善策は思考法とも関連することですが、**計画とは将来に対する仮説である**と認識し、結果（現実）と計画（仮説）の**乖離を徹底的に分析して仮説を修正していく**ことです。つまり、仮説思考と分析思考による戦略的代替案の作成です。佐野眞一氏は『カリスマ』（新潮文庫）のなかで、ダイエーとイトーヨーカ堂に関する大久保恒夫氏の次のような言葉を引用しています。

　ヨーカ堂の管理計画は定評がありますが、本当にすごいのは計画自体ではなく、その後のフォローなんです。計画を立てても実際にはその通りにはいきません。ヨーカ堂は計画通りにいかなかった場合、どこに問題があるか、解決の糸口がみつかるまで徹底的に追及するのです。計画はそのためにあるといっても過言ではありません。

　ところが、ダイエーの計画は目標になってしまっていて、とにかくガンバレ、ガンバレとなってしまう。そして達成できないと、ダメだったから次はまたガンバレ、となり、どこに失敗の原因があったかを追及しない。

　　　　　　出所：佐野眞一『カリスマ』下（新潮文庫）

以前診断したブティックの経営者は、経営のポリシーを「オフタイムにおける女性のファッション性の追求」としていました。そして、「ポリシーは変えないが、コンセプトは状況に応じて変える」と言っていました。この場合のコンセプトとは戦略（≒計画）という意味です。このブティックは30㎡にも満たない小さな店でしたが、1㎡当たりの売上高は業界平均の2倍近くありました。企業（経営者）の**戦略性の高さは企業規模の大小に比例しない**という好例だと思います。

戦略的思考の必要性

　戦略的思考、戦略策定の**出発点は分析**です。企業の内外環境や競合環境の分析を通じて本質的な問題点を抽出し、企業の方向性（戦略）を決定していくことです。抽象的な思考プロセスを排除して数値化することが分析だと勘違いしている人がよくいますが、もう一方でリーダーシップの発揮によって目標を達成しようとする傾向が強い人がいます。経営者で行動性を重視する人がこのタイプに属します（中小企業の場合、組織が小さいので、経営者が動かなければどうしようもないという側面もありますが）。

　戦略ばかりを強調するようですが、もちろんリーダーシップを否定しているわけではありません。戦略・戦術の策定と実施における意思決定に際して、**リーダーシップは欠かせない重要な要素**です。また、企業業績が戦略とオペレーションの積（戦略×オペレーション）で決まるとすれば、オペレーションの効果を高める要素が**士気**（従業員のモラール）であり、モラールを高める手段としてリーダーシップは欠かせないものです。先に挙げた例のように、戦略とオペレーションを自転車の前輪と後輪にたとえれば、リーダーシップはペダルを踏む力に置き換え

られるでしょう。リーダーシップ重視であっても経営者に戦略性さえ欠如していなければ問題はないのですが、戦術やオペレーションと同様にリーダーシップだけを重視するタイプの経営者もまた多いのです。

1185年に源氏が屋島に陣取る平氏を攻めた時のおもしろいエピソードが『吾妻鏡』にあります。海上におびただしく浮かぶ平氏の海軍に向かって、源氏の総大将源義経が先陣を切って挑もうとすると、同行していた公家の高階泰経（たかしなやすつね）がこういさめました。

「泰経兵法を知らずといえども、推量の及ぶところ、大将軍たる者はいまだ必ずしも一陣を競わざるか」

公家の泰経が「軍の総帥たる者は先頭に立って敵陣を襲うものではないのでは……」と控えめにさとしたのですが、義経はこれを振り切り、数艘の船を従えて海上に出ました。この屋島の合戦は源氏の勝利に終わるのですが、この場合、戦略的には軍人である義経よりも公家の泰経のほうが正しいのです（泰経が義経に代わって源氏軍の指揮を採って果たして合戦に勝てたどうかは別問題です）。

この史実は、当時の日本における戦争が組織戦ではなくて個人戦であったことを象徴しています（日本の武士が初めて組織戦と「未知との遭遇」をしたのが元寇の役です。これはほとんど「異種格闘技戦」だったようです）。この個人戦重視の伝統は、企業経営者の間に未だに残っているような気がします。浅野裕一氏が以下のようなユニークな指摘をしています。

> 子供向けのテレビアニメを見ると、そこに登場する戦士たちは、決まって無類の戦闘技術を誇る精鋭で、しかも戦いの真最中に、次に自分が使う技をお互い相手に告げ、しきりに講釈しながら闘っている。これはまるで、「ヤアヤア、我こそは……」と大音声（だいおんじょう）で名乗りをあげた、源平

> 合戦時代の騎馬武者そのままの戦いぶりで、長年培(つちか)った国民性はそう簡単に変わるものではないと思わず苦笑させられる。
>
> 出所：『「孫子」を読む』（講談社現代新書）

　日本人は歴史上の人物の言動に経営上の教訓を求めるのが好きです。雑誌などでそうした特集を組むこともあります。「東郷平八郎における決断力の研究」とか「山本勘助の参謀学」といった類です。印象的なエピソードが並んでいるので、読んでおもしろいことは事実ですが、印象的なだけにそうした特殊事例から問題全体を評価してしまう癖がつきやすくなります。これを「エピソード主義」と言います。雑誌の記事にも質の高いものがありますが、概して結果についての解説にウェイトを置いているので、結論に至るプロセスが見えにくくなっています。基本的には、こうした雑誌の記事などは事例研究のテキストには向かないと思います。

　成功した経営者やプロスポーツ選手などの講演も同様です。講演慣れしている方の話は一種の芸談になっていることが多く、個人的にはあまり重視していません。以前の、あるいは誰かの成功体験をそのままなぞることはできません。仮になぞることができたとしても、経営環境などさまざまな要因が影響して過去と同じ結果にはなりません。戦略は最終的には企業ごとのオーダーメイドになるものと認識する必要があります。

　「エピソード主義」とともに、融資担当者に多いのが、「略式経験主義」です。過去に自分が担当した企業の事例からしか対象企業を評価できなくなることです。議論の前提となる条件や仮説を重視せず、普遍性のない個人的な体験に頼ることを「略式経験主義」と呼びます（個人的には「例えば」を連発して話す人は要注意だと考えています）。

マーケティング分析においては、「エピソード主義」と「略式経験主義」に陥らないように、**思考のフレームワークを確立**する必要があります。

8 思考のフレームワーク

　松村劭氏は、米軍や自衛隊では一般に図表Ⅴ―3のような順序で考えをまとめるようにマニュアルで定められているとしています。(1)から(4)は演繹的な思考プロセスで、(5)から(7)は帰納的なアプローチになっています。米軍や自衛隊では部下や参謀たちが指揮官に自分の案を説明する時も、このマニュアルの順序に従うということです。軍隊ならではの話かもしれませんが、思考法あるいは**思考のフレームワークが組織内で共通している**ことは組織にとって大きな強みと言えるでしょう。

　図表Ⅴ―3の手順の欠点は結論に至るまでに時間がかかることです。実際に取り組んでみるとわかりますが、人間の思考プロセスはこのように規則的な（あるいは回りくどい）道筋をたどりません。戦略を策定しようとする人間の頭の中では(1)から(7)の項目が脈絡もなく何度も反復します。

　戦略的マーケティングの枠組みも「ビジョン（企業理念・目標）→**基本戦略**→個別戦略（戦術）→オペレーション（戦技）」と、上位概念から下位へとシステマティックに展開します。しかし、実際の思考プロセスにおいては、「技なくして術なし、術なくして策（戦略）なし」というように、オペレーションのレベルから戦術・戦略を考えることも多々あります。むしろ、そのほうが実際的と言えるかもし

図表Ⅴ—3

(1) 任務
　いま何を決めるのか
(2) 状況
　周りの状況にどんな特色があるのか
　　a．地域の特性：気象、地形、社会
　　b．敵情：敵の現状と能力
　　c．わが状況：われの現状と能力
　　d．相対的な戦闘力の比較
(3) 敵の可能行動
　敵に可能な作戦は何通りあるか
(4) わが行動方針
　わがほうにできる作戦は何通りあるか
(5) わが行動方針の分析
　敵の可能行動とわが行動方針を組み合わせると、どのような戦いの様相になるか──敵と我の作戦案を組み合わせた数だけのバトル・シミュレーション
(6) わが行動方針を選択する要因
　シミュレーションの結果は、各行動方針を比較するための要因となる
(7) わが行動方針の決定
　我がほうのどの案が一番よいか、問題点と対策は？

出所：松村劭『名将たちの戦争学』（文春新書）

れません。それでも一定のフレームワークに基づいて立案する戦略は、単なる思いつきとは一線を画するものとなるものです。

　また、図表Ⅴ—3の（5）から（7）で展開する帰納的なアプローチにおいては、思考の過程において一種の「ひらめき」が要求されます。論理学で「帰納法的飛躍」と呼ばれるもので、前提と結論の間に横たわる溝を飛び越えるために「ひらめき」が必要になるのです。有能な経営

者はこの「ひらめき」によって経営上の決断を行うことがあり、結果として伝説的な成功エピソードが生まれます。企業の観察者や追随者が、その印象的なエピソードを例にとって企業経営を語ることがあります。これも「エピソード主義」ですが、伝説的なエピソードの陰には、多数の失敗例が人目を見ずに横たわっています。企業経営における「ひらめき」とは論理を追求する過程で生じるものだと考えるべきだと思います。

　「ひらめき」を単なる「勘」ととらえる人もいますが、これは危険です。将棋の米長邦雄永世棋聖に「勘とは甚だしい力と書くように、手を読みに読んだ結果としてひらめくものである」という意味の言葉があります。「ひらめき（帰納法的飛躍）」が論理的な思考プロセスの一端にあることを裏付けるものだと思います。

9　戦略と組織

―――― 戦略と組織実行力

　戦略の分析は、組織実行力との関係も視野に入れて行う必要があります。いかに優れた戦略でも、それを**実行する組織力**がなければ「画に書いた餅」になってしまうからです。

　ある中小スーパーマーケット（SM）が、コンサルタントと契約してPOS（Point of Sales：販売時点情報管理）を中心とした情報システムの導入を計画しました。そのコンサルタントはPOSについては業界でも有数の実力者で、数多くの成功例を誇っている人でした。

　ただ、結果から言うと、そのプロジェクトは成功しませんでした。企

業側の戦略策定がずさんだったことが原因です。組織（経営者・従業員）の情報リテラシー（情報の読み書き能力）が低かったため、せっかく導入したシステムをうまく使いこなせなかったのです。戦略は正しかったのに、**組織の実行力がそれを裏切**ったという例です。POSシステムは中小スーパーマーケット業界にもかなり普及していますが、同様の原因で理想的な状態で稼動している例は意外に少ないのが現実です。

システム投資の際に注意することは、**システム化自体が目的化してしまうことを避ける**ことです。システム自体はあくまで戦略目的を達成するための手段です。システム化こそしていなくても、販売仕入データなど経営に必要な情報収集が日常的に手作業で行われていれば、情報システムの導入によって効率化というメリット（ハードメリット）が享受できます。しかし、戦略性というソフトメリットが発生するかどうかは別の問題です。このSMの経営者はこの点を勘違いしていて、システム化によって容易に戦略的な経営が実現できるという誤解をしていました（システムに過剰な期待をしてしまう経営者は意外にたくさんいます）。

企業の戦略を分析した結果、良い結果が出ても、それを実現するだけの**組織実行力が企業にあるか否かという点を検討する**ことが必要です。経営者がその点までを認識していて、組織実行力を高めるために従業員教育などを経営計画に盛り込んであれば、その戦略も評価できると言えます。

──────── 戦略と意思決定

モラール・サーベイという従業員の労働意欲調査があります。従業員に「給与に対する不満は？」とか「上司の指示は適切か？」といった質問をして答を集計するものです。日頃、従業員の評価をすることはあっ

ても、従業員から評価されることはない経営者が、企業診断において最も興味を示す調査です。匿名調査が基本なのですが、結果を報告すると「その意見を言ったのは誰か」という質問が経営者からよく出ます。これは答えるわけにはいきません。従業員への調査票の配布と回収を企業側にお願いすると、誰の回答か後でわかるように調査票の裏に印をつけたりする経営者がたまにいます。こういうことをして従業員に気づかれると、労使関係だけでなく、以後の調査について従業員の協力姿勢が悪くなります。従業員の誰が何を考えているのか（不満分子は誰か）を知りたいという経営者の気持ちはわかりますが、モラール・サーベイの調査目的は別のところにあります。戦略策定もそうですが、基本的に一作戦が二目的を持つことを避けるというのは重要な原則です。

ある小売業（スーパーマーケット）を調査した際に、このモラール・サーベイを実施しました。この調査プロジェクトは、報告のウェイトを戦略的経営の必要性に置いていたのですが、プレゼンテーションの拙さもあってか、経営者はモラール・サーベイの結果報告に最も熱心に聞き入っていました。すべての報告が終了した後にうかがった経営者の感想は、やはりモラール・サーベイに関することが中心でした。その要旨を述べれば以下のようになります。

「いろいろ調査して報告していただいたが、やはりわが社の最大の問題は人材の不足であると感じた。今後は人材の育成を重視した経営を行っていきたい」

この時、反論するかどうか迷って、結局、正式の診断ではなかったので黙っていたのですが、人材の育成を図る場合でも前提として戦略は必要なのです。この企業の例では、人材といってもどんな人材が必要なのかを、この時点では経営者が明確に認識していませんでした。スーパー

バイザーが必要なのか、バイヤーが必要なのか、レジ要員か、あるいは経理担当者なのかを明らかにしなければ人材育成計画は立てられません。戦略が意思決定の指針となるとはこうしたことを意味します。

10 「お客様第一」のどこが悪いか

―――― 戦略と数値計画の混同

ある卸売業の経営者にヒアリングした際、この経営者は「経営とはコーラスである」という持論をとうとうと語り、ワープロで作成したきれいな概念図まで見せてくれました。そこで、「御社の経営戦略は？」という質問をしてみました。普通、こういう素朴（ナイーブ）というか直接的な表現の質問はあまりしないのですが、先に聞いた経営理念などが見事に整理されていたので、この経営者が戦略という問題にどのように答えるだろうかという興味がわいたのです。

「5年以内に売上高を100億円にすることです」と、その方は答えました。「御社の競争相手は？」と続けて質問すると、「同業者全部です」という回答でした。

既におわかりでしょうが、この回答は戦略ではありません。

この企業の当時の年商は約10億円で、「売上高100億円」という答は非常に楽天的でラフな計画、あるいは単なる夢でしかありません。ここで重要なのは、この経営者が戦略について売上高という数値で答えたことです。前述のように、**戦略とは**「What to do」です。一方、「売上高100億円」という表現は、その妥当性はともかく数値計画にふさわしい

ものです。このように戦略を計画と混同している人、それも数値計画と混同している人が経営者に限らずたくさんいます。

　また、この企業は某地方都市の20%に満たない地域を商圏としており、しかも低シェアでした。このレベルで同業者全部を競争相手と設定するのは粗略な設定というべきで、本気で言っているなら競争環境に対して無関心すぎると言わざるをえません。このような経営者は、決して少数派ではありません。中小企業の場合、こういうレベルの経営者のほうが多いと言ってもよいくらいです。

経営理念のビッグ2

　もっとも、経営理念をきれいに整理しているということでは、この経営者は少数派かもしれません。この点について、戦略的な意味できちんと整理している経営者はまさに少数派です。企業診断に際して、経営者にヒアリングする項目のなかに「企業理念」があります。**企業理念とは戦略の上位に位置する概念**で、**企業理念と目標を併せて企業のビジョンとも言います**（図表Ⅴ－1参照）。「御社の理念は？」という質問はストレートすぎるので、「社長のモットーは何ですか」という聞き方をすることが多いのですが、首をかしげて考えこんでしまう経営者がいます。

　小売業の場合、しばらく考えたあげくに「お客様第一」とか「良い品をより安く」といった答がよく返ってきます（「まぁ、……お客様第一ですかねえ……」という調子です）。この「お客様第一」と「良い品をより安く」というフレーズは、中小小売業の経営理念のビッグ2ではないかと思います。

　この2つならば、それほど時間をかけずにすらりと口にする経営者も

結構いますが、大概の場合、モットーしかなくて、実際の経営活動にはそのモットーを実現するためのオペレーションが欠如しています。つまり、戦略性、マーケティング・マインドが欠如しており、モットーは**単なるお題目**であることが多いのです。一般に日本企業の理念は「タテマエ」と化していることが多く、キャッチフレーズになっているケースもありますが、いずれにせよ、戦略・戦術までも欠落していては経営体としては問題です。「お客様第一」と「良い品をより安く」という2つのモットーから、戦略上の問題点を具体的に検討してみます。

理念に戦略が伴っているか

まず、「お客様第一」の「お客様」がどんな人なのかが不明です。ターゲットの設定がなされていないわけです。ターゲットのキャラクターを明確にしなければ、マーケティングの4Pやマーチャンダイジングのコンセプトは決定できません。

「良い品をより安く」の「良い品」もターゲットの設定と関連する問題です。ひたすら低価格を求めてディスカウント・ストア（DS）に向かうような人は、「できるだけ安い商品」を「良い品」と考えます。店舗の構えや商品陳列の美観などには価値を見出しません。一方、品質・デザインに対して要求が高く、価格にはそれほどこだわらない人は、店舗の快適性などを含めて評価したうえで、「高品質（良質）の商品」を「良い品」と考えます。「お買い物は○○でなければ」という人です。

極端な例をあげましたが、現実的には1店舗がこの2つの異なるタイプの人を同時にターゲットとして営業するのは困難です。ターゲットの設定があってはじめて「良い品」とは何かが規定できるわけで、この絞り込みができないまま（絞り込む意識がないまま）、なんとなく営業し

ている経営者が多いのです。

「より安く」は競争環境とプライシングに関わる問題です。価格で勝負する場合は、競合店の状態などを把握したうえでプライシングをしなければなりませんが、前述の卸売業の経営者のように競争環境に無頓着な企業が多いのが現実です。内外の環境要因を考慮する戦略が欠如していますから、この点が恣意的になってしまうのです。小売業は"Face to Face"が基本ですが、顧客の「顔」を見ていない経営者が意外に多いものです。

経営者セミナーなどによく出席している勉強好きの経営者は、スマートな経営理念を語ることがありますが、**理念に戦略が伴っているか否かがヒアリングの際のポイント**です。

11 差別化と価格競争

差別化は誤解されている

差別化という言葉は、経営戦略・マーケティング戦略用語のなかでももっともポピュラーなもので、ほとんど一般用語として使用されています。「暗黙知」(経験と勘)で行動する企業経営者もこの言葉はよく使いますが、**差別化は最も誤解されている**概念でもあります。

単純な価格競争を差別化と呼ぶのが典型的な誤用の例です。何も差別化されていない場合に行き着くのが価格競争です。差別化における価格競争は最後の手段であるということはあまり理解されていません。特に小売業にこの傾向が顕著です。観念的なモットーしか持ち合わせていな

い経営者が差別化を図れば、価格競争しか思いつかないということかもしれません。花王の元会長である佐川幸三郎氏は、「価格競争はマーケターの最も陥りやすい戦術であり、また**最も危険な戦術**である。景品つき販売と安売り競争は、まさに麻薬的競争戦術といってよい。」(『新しいマーケティングの実際』, プレジデント社)と述べています。

差別化の典型的なパターンは、**製品・サービスの差別化**です。製品やサービスの品質、性能、デザイン、価格などに関して競合相手と違いを作ることで、差別化という言葉は、通常このレベルを指して使われます。

小売業はメーカーと違って、新製品の開発や既存製品の品質、性能、デザインなどの変更において主導権が取れません(業界上位のコンビニエンス・ストアのように相当の販売力があれば別ですが)。近年、大手小売業はプライベート・ブランド商品を取り扱っていますが、多くの中小小売業には無縁の話で、差別化における**選択肢が少ないことも価格競争に陥りがちになる原因**かもしれません。

「差別化のために競合店に負けない(安い)値段で売る」という経営者がよくいます。ディスカウント・ストアが隆盛だった頃は、こういう経営者が本当にたくさんいました。しかし、これは重要なポイントなのですが、競合店(DS)の安売りに対抗して自店のプライシングを下げるのは、差別化ではなく「**同質化**」なのです。同質化は基本的に**体格が小さい(相対的経営資源の質量において劣る)企業が採用すべき戦略ではありません**。相対的経営資源の量と質が最大であるリーダーの戦略です(図表Ⅴ—4参照)。

経営資源の量とは資金力、製品の生産(供給)能力、営業所・店舗数、営業担当者・販売員の数、売場面積などヒト・モノ・カネの部分です。

図表Ⅴ—4　競争地位別の競争対応戦略と需要対応戦略

競争地位	市場目標	競争対応戦略 競争基本方針	需要対応戦略 市場ターゲット	需要対応戦略 マーケティング・ミックス政策
リーダー	・最大シェア ・最大利潤 ・名声・イメージ	全方位	フルカバレージ	・製品：中〜高品質を軸としたフルライン化 ・価格：中〜高価格水準 ・チャネル：開放型チャネル ・プロモーション：中〜高水準、全体訴求型
チャレンジャー	・市場シェア	差別	セミフルカバレージ	・製品 ・価格　　　　対リーダーとの差別化 ・チャネル ・プロモーション
ニッチャー	・利潤 ・名声・イメージ	集中	特定市場セグメント〔製品・顧客層の特化〕	・製品・限定ライン、中〜高品質水準以上 ・価格：中〜高価格水準 ・チャネル：限定型・特殊型チャネル ・プロモーション：特殊訴求
フォロワー	・生存利潤	模倣	経済性セグメント	・他社並・以下の品質 ・低価格水準 ・価格訴求チャネル ・低プロモーション水準

出所：嶋口充輝・石井淳蔵『現代マーケティング』新版（有斐閣）

経営資源の質とは企業（ブランド）イメージ、技術力、広告宣伝・販売ノウハウ、経営層のリーダーシップ、従業員のモラール、情報管理能力などのソフトの部分を指します。これらの経営資源を最大に有するリーダーが、チャレンジャーや下位企業と同様の方法（戦略）を採用して市場に出れば、他社の差別化の効果を減殺することができます。

1987年の春、ビール業界第3位のアサヒビールが「スーパードライ」を発売して、リーダーであるキリンビールの牙城をおびやかしたとき、キリンビールがドライビールを売り出して対抗したのが同質化戦略です。当時、同質化に出るタイミングがやや遅かったような印象がありました（キリンのドライビールの発売は1988年に入ってからでした）。これは、キリンが自社の主力製品であるラガービールと「ドライ」の共食い（カニバリゼーション：cannibalization）をおそれたためだと思います。

　同質化がリーダーの戦略であるように、**差別化とは本来チャレンジャーが採用すべき戦略**です。相対的経営資源の質量がリーダーと比較して（やや劣るものの）ほぼ拮抗しているチャレンジャーが、リーダーとの同質化を避けるために採用するのが差別化戦略なのです。チャレンジャーがリーダーと同じことをやっていれば、相対的経営資源の質量の差が出てしまうからです。

　やや極端な例ですが、小錦と対戦する小兵の力士、舞の海を想像してください。舞の海からすればがっぷり四つに組んだのでは、圧倒的な体格差がそのまま出てしまいます。舞の海の差別化のポイントはスピードです。両者の対戦は、土俵上をハイスピードで飛びまわる舞の海が、小錦をかく乱しようとする展開になるでしょう。スピードに関しては小錦も同質化はできないからです。

────────────── リーダーが同質化できない点で差別化を図る

　差別化のポイントは、リーダーが容易に同質化できない点で差異を打ち出すことです。「スーパードライ」の成功は、キリンが共食いをおそれて同質化に躊躇するポイントを突いたことにあると言えます。先に「差別化における価格競争は最後の手段」と書きましたが、チャレ

ンジャーから仕掛ける価格競争はリーダーにとっては同質化しやすく、最大のシェアを持つ（体格が大きい）リーダーのほうが基本的には有利になります。2001年8月現在、ファストフード業界では生き残りをかけた価格競争が繰り広げられていますが、これはリーダーである日本マクドナルドが仕掛けたという意味で異例でした（注3）。

　差別化と同質化の違いという基本的なポイントを誤解している経営者と融資担当者はたくさんいます。低価格が差別化の最大のポイントならば、日本中がディスカウント・ストアだらけになっているはずですが、昨今の状況を見ればこの点が誤りなのはよくわかると思います。

（注3）日本マクドナルドが2000年2月にハンバーガーの平日半額セールを実施して、価格競争の口火を切りました（2002年2月に低価格路線から転換）。この流れは牛丼チェーンにも飛び火しましたが、同業界のリーダーである吉野家ディー・アンド・シーが値下げに踏み切ったのは一番最後でした。この際の吉野家の対応は第Ⅳ章で述べたとおりです。

─── *真の差別化は目に見えない：ビジネス・システムの差別化*

　製品・サービスの差別化に対する概念が、「ビジネス・システムの差別化」です。ビジネス・システムとは、企業の戦略に基づいて必要な自社の経営資源を抽出しミックスして組織化する仕組みです。

　近年、流通業界で急速に成長した業態は、ディスカウント・ストアとコンビニエンス・ストアです。このうち、ディスカウント・ストアは低価格販売のみが強調されましたが、低価格を実現するための仕入や商品管理の技術など、ローコスト・オペレーションを中心としたビジネス・システムを構築した業態でした。

一方、コンビニエンス・ストアはPOSシステムによる単品管理（売筋管理）が有名ですが、経営戦略（コンセプト）は「消費者の利便性の追求」でした。利便性を追求する手段（戦術）としてPOSシステムや多頻度の配送体制などのマーケティング・システムが採用されているわけです。

　両者の成長は、製品・サービスの差別化によるものではなく、ビジネス・システムの差別化によるものでした。差別化と称して安易に価格競争に走りがちな経営者は、近年まで定価販売を維持したまま成長してきたコンビニエンス・ストアの成功要因が、明確な戦略の存在にあることを認識するべきだと思います。

　情報システムや人事管理制度、製品のデザインなどハード面の模倣は容易ですが、ソフトの模倣は難易度が高くなります。したがって、ビジネス・システムによる差別化は**模倣されにくくなります**。差別化のポイントが価格競争のようにあからさまでなく、ビジネス・システムという複雑な構造に内在しているため、競争相手の目に見えにくいのです。

　POSシステムを利用した仕入発注の技術などもビジネス・システムによる差別化に含まれます。POSシステムの導入は、資金力されあればどの企業でも可能ですが、仕入のタイミングや何を仕入れるかという「商品の選択眼」のような**オペレーションの熟練度**などは容易に追随できません。コンビニエンス・ストア業界では、こうした目に見えない差が平均日販（加盟店1日1店舗当りの売上高）の差に如実に出ています。セブン—イレブン・ジャパンの平均日販は約68万円で、業界2位ローソンのそれは約49万円です。こうした点を確認することは、マーケティング分析と財務分析の接点になります。

　ビジネス・システムによる差別化には、**経営理念の従業員への浸**

第V章　マーケティング戦略の考え方

透度のように抽象的なものも含まれます。「ユニクロ」（企業名：ファーストリテイリング）には23項目もの経営理念があります。常識的には多すぎる数です。広島証券取引所に上場した1994年には17項目だったそうですが、それでも公開を手伝ったコンサルタント（公認会計士）に5つ程度に整理するように助言されました。その時、同社の柳井社長は「一つ一つに意味があり、どうして減らさなければいけないのか」と言ったそうです。現在では逆に数が増えています。「社員のだれもが能力を発揮できる会社にするには、何のために会社が存在するのかはっきりさせないといけない。日本企業の多くは、経営理念という会社の基本部分が抜けている」（読売新聞2001年8月8日）という柳井正社長の言葉があります。同社は実績に応じて年収に大きく差がつく「完全実力主義」の人事管理制度を導入していますが、他社がそれを真似て同様なインセンティブ・システムを導入しても、同様の業績が上げられるわけではありません。実力主義を裏付ける経営理念が従業員に十分に浸透していなければ、モラールが下がって組織実行力も低下してしまうからです。実績給制度というハードだけを模倣しても、経営理念の浸透度というソフトな部分は容易に真似できません。

　経営理念がタテマエ化している企業が多いなかで、「ユニクロ」は異色の存在と思われますが、優れた企業は理念を抽象的な存在にとどめておかず、**社員の日常行動にまで落とし込む**ことに成功しています。これを**「理念の制度化」**と言います。経営の神様として信奉者が多い、故松下幸之助氏も経営理念の重要性を説く言葉を残しています。同氏の『実践経営学』（PHP文庫）は「まず経営理念を確立すること」という章題で始まっています。差別化と称しながら、単に他社の成功例を表面的に模倣しているだけの企業が意外に多いものです。ビジネス・シ

ステムによる差別化は、組織のメンタルな部分までも包含しているため、模倣したくてもできないと言うべきかもしれません。真の差別化は目に見えないのです。

12 事例・中小食品スーパーマーケットの戦略

　以下のT社に関する記述は、Mチャンネル（商業専門番組）の繁盛店を紹介したビデオを元にしたものです。
　某地方にある食品スーパーT社は、売場面積が500m²に満たない小さな店舗で、周囲をナショナルチェーンの大型店数店舗に囲まれています。こうした立地環境にある中小企業の店舗が苦戦する姿は近年よく見かける事例ですが、T社の1m²当り売上高は業界平均の2倍近い水準に達しています。同社は強力な大型店に周囲を包囲されていながら、**良好な経営実績**を残しているのです。以下、T社のマーケティング戦略について定性的に分析した結果を紹介します。文中の「」内の言葉は、同社の方の発言の部分です。

戦略の整合性と重点性

　T社の戦略について評価できるのは、その整合性です。
　有力なGMS—量販店—に囲まれた商圏において、「**質販店**」（非量販店）という基本戦略を採用して差別化を実現しています。この差別化戦略は、量販店の進出に対して対抗して打ち出したものではありません。T社は64歳（94年当時）のオーナーが28歳の時に開業したスーパーマー

ケット(SM)ですから、同社の創業は1958年と考えられます。ダイエーの1号店の開店が1957年、同2号店の開店が1958年ですから、同社は日本のSMの黎明期に開業した幾多の企業群と時を同じくしてSMという業態に参入した、歴史のある企業ということができます。

しかし、多くのSMがチェーンストア理論を採用して多店舗展開していったのに対して、同社のオーナーは「生鮮品は量販に向かない」として多店舗展開を行いませんでした。創業当初から企業理念が他社と異なっていたわけです。T社の「質販店」という独自のコンセプト(基本戦略)は、大型店の進出に対抗するために編み出した戦略ではなく、企業(オーナー)の理念と整合性を持ったものなのです。その意味で、同社の差別化は戦略レベルの差別化ではなく、T社という企業の戦略ドメイン(注4)の独自性に由来すると言ったほうが正確かもしれません。

T社の「質販店」という基本戦略は、「食物とは人間の健康を維持するもの。(当社は)お客様が元気で明るくなるための食物を提供する」という企業ビジョンとの整合性も保持しています。そして、このビジョンと「質販店」というコンセプト(基本戦略)を具現化するための個別戦略を見ると、戦略の要諦である「絞りと集中」において同社が重点性を維持していることがわかります。

――――――――――――――― *基本戦略と個別戦略*

マーケティングの個別戦略はさまざまに分類できますが、ここではオーソドックスに「4P」(マーケティング・ミックス)にしたがって同店の分析をしてみます。

「4P」について詳しくはⅣ章の9.マーケティング・ミックス:4Pで述べたとおり、マッカーシー(E.J.McCarthy)が提示した基本的なマ

ーケティング要素です。製品（Product）、価格（Price）、プロモーション（Promotion）、流通（Place）の頭文字をとって「4P」と略称します。実際のマーケティング展開（特にメーカーの場合）においては、この4つの要素を混合（ミックス）して市場に打ち出すことから、この全体活動は「マーケティング・ミックス政策」と呼ばれ、「4P」と「マーケティング・ミックス」は互換的に使用されます。

①**製品（Product）と流通（Place）**

小売業の場合は製品ではなく「商品」となりますが、業種を問わず4Pの中で最もウェイトが高いのが**「商品・製品」**です。

T社の商品政策（マーチャンダイジング：Merchandising）の優れている点は、コンセプトが「商品五訓」として明示されていることです。

「商品五訓」……安全・新鮮・品質・美味・価格

「質販店」とは本来、専門店のコンセプトです。質販のSMというのはやや矛盾した表現かもしれませんが、実際、同社には「かなり遠くからお客様が来る」ということで、専門店的な商圏を有しているようです。専門店的な品揃えを志向すれば、自ずと「アイテム数は絞り込む」ことになります。逆に言えば、専門店はアイテム数を絞り込んでいるために、必然的に要求される商圏設定が大きくなるとも言えます。

同時に同社の店長が言う「お客様が来店する理由を作る」という狙いから、「他店にない商品」の品揃えに独自性を求めています。店長は、その「理由」を「商品五訓」でいう「美味」（おいしさ）であり「安全」であるとしています。その結果が無農薬、有機栽培の野菜などや、同店でしか売っていないという南部鶏や前沢牛、オリジナルの乾物やあん、昆布、煮干などの品揃えです。この点は、「全国を歩いて」開拓した独自の仕入ルートを持つという意味で流通（Place）の強みに裏打ちされ

ています。「他店にない独自性のある商品を置くべきである」などと提言（？）する融資担当者がいますが、そのためには**相当の努力が必要**であり、多くの経営者はその努力を続けることができません。Ｔ社はその点で例外的な存在であり、それゆえに差別化の実現に成功しているのです。

　顧客の「マグネット」（吸引力）になっているという惣菜部門の運営も商品政策のコンセプトと整合性が取れています。「その日に作ったものをその日に売る」という姿勢は、惣菜を生鮮品として位置づけているわけで、「商品五訓」の「新鮮」に対応しています。テナントを入れず、惣菜部門にはすべて正社員を配置している点にも、「商品五訓」の「安全・品質」に対するこだわりがあります。惣菜のレシピを完備するとともに、ベテランの正社員が調理することで品質管理に万全を期しているのです。フードカッターを使わないこと、１日３回行うという厨房の徹底した清掃、厨房を常にお客様に開放していることなど、質販店としてコンセプトを守り、同時にその姿勢をお客様にアピールするという意味で、４Ｐのプロモーション（Promotion）の要素も兼ねていると言えます。

　惣菜の調理方法も地元の気候・風土を考慮して調整している点は、マーケティングの基本である「環境適合」にかなっており、量販店のそれとは一線を画しています。同じ料理であっても、地域によって味つけは異なりますが、ナショナルチェーンの小売店の場合、全国の店舗に大量の商品を供給するため、画一的な味の商品を揃える傾向があります。その結果、極端な例を挙げれば、関東風のおでんが関西のＳＭの店頭に並ぶということが起こります。こうした点は、最近ではかなり改善されていますが、スケールメリットはそもそもその画一性に依拠するものです。

量販店にとって、各地域の特性に対応することは、スケールメリットの低下につながることになりますが、T社のような企業にとっては当然の対応です。地場の中小企業ならどこでもできることですが、実行しているところは少数派です。

また、同店の食材だけを使うという惣菜は、商品の調理見本としても機能しており、「惣菜だけこだわってもダメ」という惣菜担当の専務の言葉は、店のコンセプトを十分に意識しているだけでなく、組織のシナジー（synergy：相乗）効果をも認識しているものです。

②価格（Price）とプロモーション（Promotion）

価格（Price）については、オーナーの言葉がすべてを表現しています。

「（当店は）高いと言われるが、商品五訓を突き詰めれば、この値段になる。価格じゃない。値打ち、価値観だ」

この発言は、同店のプライシングが原価にマークアップを加算するコスト・プラス法ではなく、顧客に提供する価値の価格を提示するというベネフィット・プライシング（Benefit Pricing）であることを示しています。マーケティングのパラダイムで言えば「交換パラダイム」に属する考え方です。

ベネフィット・プライシングについては、専務の言葉が要を得ています。「他店の値付けは関係ない。最初からいくらで売るとは考えない。この材料を使っておいしいものを作ったらいくらになるかと考える」

プロモーション（Promotion）の面で特異なのはチラシをほとんど打たないことです。セール（売出し）の時のみしか打たないということですが、セール自体が年5回と極端に少ないのです。

SMという業態としては異例ですが、専門店と考えれば納得がいきます。一般にSMは「良いものを安く」という価格訴求を基本としていま

す。「良いものが安い」というトレードオフを解決するために、通常「安さ」にウェイトを置いたプロモーションを行います。薄利多売を目指す以上、顧客が商品を認知してから購入にいたるまでのプロセスを短くする必要があるからです。

　一方、「質販店」としての売り物は文字どおり、商品の質です。同店は通常のSMとは逆に「良いものは高い」というトレードオンを実践しているわけです。一般に「質」を追求した商品は、顧客が商品を認知してから購入に至るまでのプロセスが長くなります（注5）。そのため、大量のチラシを頻繁に打つよりも、店としてのポリシーやコンセプトを接客やPOP（店頭広告）などで日常的に訴えて、同店の商品の**ファン（リピーター）を増やして**いく必要があるのです。セールの回数を少なくし、チラシをほとんど打たないというプロモーションもT社の基本戦略との整合性を維持したものだと言えます。

　一般のSM、特にGMSは顧客を消費者という「顔のない（企業側から顔の見えない）存在」として位置づけています。マスセールスを志向する以上当然のことですが、T社は「作った人の顔が見えるものを売る」という仕入の姿勢と同様に、顧客の「顔が見える状態」を販売において実現しようとしています。この点について、店長は次のように語っています。GMSの売り方を「巻き網による漁」という店長は、同社の売り方を**「一本釣り」**にたとえています。「一本釣り」とは、商品知識が豊富な従業員が、顧客に対して商品や調理法のアドバイスをすることによって、自社のファンを増やすという売り方を指しています。先に同店の価格（Price）を「交換パラダイム」と位置づけましたが、経営体として見た場合はむしろ「関係性パラダイム」に属すると言うべきでしょう。

プロモーション（Promotion）というよりも、販売活動というべき部分ですが、同社の売り方は、SMという業態の必要条件であるセルフサービス方式よりもセミセルフ方式に近いものです。ここまで述べてきた同店のコンセプトからすれば必然的な流れですが、それを実現するためには「従業員の高い商品知識」が必要です。照明や棚管理（フェイス管理）に神経を使うのは小売業としては当然のことですが、同社の場合は、店舗運営のオペレーション・システムが企業のビジョンや基本コンセプトと連動している点が優れています。

　T社は、戦略・戦術と組織運営、マーケティングの実践が良好なバランスで成立している稀有な事例です。

（注4）戦略ドメイン

　戦略的に方向づけられた企業の生存領域。企業ビジョンの下位概念で、基本戦略の上位概念。

　企業が長期的に自社の存立を委ね、経営資源を効率的に投入していく市場内生存領域で、戦略的マーケティングや経営戦略の中核となるものです。戦略ドメインの概念は、事業の定義と表裏一体の関係にあります。

（注5）商品の認知から購入に至るまでのプロセス

　消費者行動理論では、顧客にすぐに受け入れられる商品とそうでないものを区別する場合、ハイ・インボルブメントとロー・インボルブメントという用語を用います。

　ハイ・インボルブメントな商品に対して、顧客はロー・インボルブメントなものよりも複雑な情報処理を行います。

ハイ・インボルブメント商品

　　〈認知〉→〈知識〉→〈興味〉→〈評価〉→〈トライアル〉→〈採用（購入）〉

ロー・インボルブメント商品

〈認知〉→〈トライアル・評価〉→〈採用（購入）〉

13 書を持って町へ出よう

────────────────── サーベイとフィールドワーク

　融資担当者は、調査というと（担保）不動産の調査などをイメージするのではないかと思いますが、一般的には調査というとアンケート調査を思い浮かべる人が多いようです。

　アンケートについては、質問項目が印刷された調査票に対象者が回答を記入していく方式がもっともポピュラーなイメージでしょうが、調査員が街頭に立ち、あるいは戸別訪問して対象者に質問をして回答を書きこんでいくという方法もあります。この２つの方法を総称する用語がサーベイ（survey）です。

　サーベイのアプローチは定量的調査（量的調査：quantitative method）と呼ばれるものです。定量的調査に対するアプローチが定性的調査（質的調査：qualitative method）で、フィールドワーカーが採用するアプローチです。

　第Ⅰ章でも述べた企業の定性評価のシステム化というテーマは、定量的調査と定性的調査のアプローチの違いに関連する問題です。定量的調査は量的把握を目的とするもので、多数のサンプルについて客観的に計量して普遍化することを目的とするものです。多数のサンプルを扱うため、分析の対象となる要因自体は少なくなり簡略化されます。

一方、定性的調査とは比較的少ないサンプルを詳しく分析する方法で、**フィールドワーク**がその代表です。定性的な調査方法に共通するのは**「事例研究」**です。事例の調査研究を通して調査課題の質的構造を明らかにしようとするもので、事例について多数の側面（要因）から分析を加えます。

　たとえば、巻き網によって大量の魚を一気に引き上げるのが定量的調査です。捕獲した魚の個体差は重視されず、サンプル全体の傾向値を読み取ることが優先されます。定性的調査は一本釣りのスタイルで、釣り上げた魚ごとに綿密な分析が行われます。つまり、定量的調査のスタンスは「浅く広く」であり、定性的調査は「深く狭く」調べるアプローチだと言えます。

―――*融資担当者はフィールドワーカー―書を持って町へ出よう―*

　企業の定性分析（マーケティング分析）は、基本的には定性的調査の範疇に属するものだと思います。

　図表Ⅴ―5に示したように、対象企業数が多くなれば分析の深度は浅くならざるをえません。取引先企業（対象企業）数が膨大な大型金融機関が、定性部分をシステムで処理しようとするのは自然なことかもしれませんが、対象企業数が相対的に少ない地域金融機関の場合は事情が異なります。大型金融機関と同様にシステム化を図ってもスケールメリットは相対的に小さくなり、敢えて（融資）営業担当者の渉外活動を維持している意味が希薄になるからです。経験科学のひとつであるマーケティングにおいて、実態の観察は非常に重要なものです。地域金融機関が定性評価のシステム化を志向することは、**自らの戦略（営業体制）を裏切る**ことで、せっかくの事例研究の機会を放棄することにつなが

図表Ⅴ—5

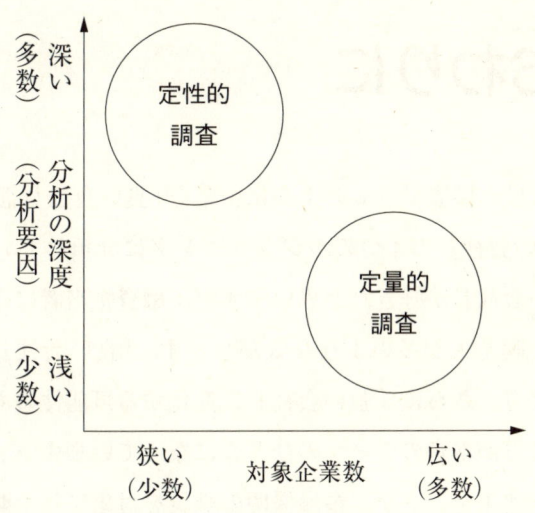

(図: 縦軸「分析の深度(分析要因)」深い(多数)〜浅い(少数)、横軸「対象企業数」狭い(少数)〜広い(多数)。左上に「定性的調査」、右下に「定量的調査」)

るのではないかと思います。

　定性的調査であるマーケティング分析は、その基本的なスタンスからして定量的調査よりも「主観的」にならざるをえませんが、「主観的」であることは別に欠点ではありません。問われるのは**分析過程、分析結果が論理的**で**普遍的であるか否か**です。個々の企業を詳しく分析して、その**質的構造をレポート**などで明らかにすることが融資担当者の重要な仕事になるべきだと思います。

　第Ⅰ章で述べたように、融資担当者はまず理論の習得によって企業のマーケティング力を評価する下地を作り上げる必要があります。そして、現場において企業の実態を観察し、分析して評価します。

　融資担当者はまさにフィールドワーカーです。書を持って—理論を身につけて—町へ出ましょう。

14 おわりに

　松田修一氏は、図表Ⅴ―6のように企業を「良い会社」「悪い会社」「強い会社」「弱い会社」の4つのポジショニングに分類しています。金融機関は「良い会社」が好きだと思いますが、融資担当者には「悪い会社しかない」と嘆く人が多いような気がします。「良い会社」と「強い会社」の見つけ方、さらに「強い会社」に進化する可能性のある「弱い会社」の見分け方が本書のテーマのひとつになっています。

　知人のコンサルタントが、金融機関の職員を対象にした財務分析セミナーの講師を担当したことがあります。彼は公認会計士で、講義の内容はかなり高度というか、ある意味では学問的なものです。その際、某大手信用金庫の融資課長に「こんなに厳密な分析をやっていたら、融資先がなくなってしまう」と言われたそうです。

　本書を読んで似たような感想を持った方もいると思います。

　「こんなに深い分析をやっていたら、仕事にならない」

　現在の金融機関の現場、特に1日の訪問軒数が数十軒に上る地域金融機関の（融資）営業担当者にとって、これは正直な感想だと思います。それを承知で敢えてこうした内容の書籍を書いたのは、地域金融機関の（融資）営業担当者は仕事の質を変える必要があると考えているからです。

　1日の訪問軒数が数十軒にも達するのは、「営業活動の効率化」が論じられる際に必ず槍玉に上がる雑サービスがあるからです。本書ではマーケティング分析の考え方とともに各種の手法を紹介していますが、企

第V章　マーケティング戦略の考え方

図表V—6　経営体質と経営業績をベースにした会社のポジショニング

	良好（高利益率）	
良い会社 トップのゆさぶりと変身 成熟マーケット 成長鈍化と効率経営 狭義の運転資金減少 総合的なコスト削減 豊富な含み益	経営業績	**強い会社** 横綱相撲に耐える 成長マーケット 成長重視の若い集団 積極的な設備投資 積極的な資金調達 グループ経営の拡大
守り　経営体質		経営体質　**攻め**
悪い会社 衰退マーケット 成長ゼロ・マイナス 赤字体質の定着 在庫・売上債権急増 自転車操業で借金増 短期集中的裁量経営	経営業績	**弱い会社** 成長マーケット 急成長の強気一本槍 損益・資金管理の不在 先行投資優先の経営 恒常的な人材不足 経営管理体制の充実
	不振（低利益率）	

出所：松田修一『ビジネス・ゼミナール　会社の読み方入門』（日本経済新聞社）

業分析を短期間に1社に集中して行うことを奨励しているわけではありません。新規先は別にして、月に何度か訪問する既存の取引先企業に対して、毎回少しずつヒアリングを行いつつ、企業内部のデータを収集して分析することを想定しています。

　地域金融機関には、中小企業の現場に踏み込んでいるという独自性を主張しながら、一方でそうした営業体制の効率化を図りたいという一種矛盾した心理があるような気がします。雑サービスの存在は営業活動の

効率性からすれば確かにマイナス要因ですが、頻繁な訪問活動に企業分析という視点を導入して、その質を変えれば営業活動の効果は逆に高まると思います。

　個人的には４Ｐのプロモーションのなかでは「販売員活動」をもっとも重視していますから、本当に非効率な訪問活動は整理しなければならないと考えています。しかし、「営業活動の効率化」がほとんど永遠のテーマになってしまっている現在、雑サービス訪問を逆手に取るという発想も必要ではないかと思います。

　それでも、「いそがしい？」が合言葉の現場からは、（企業分析などやっている）「余裕がない」という声が上がるかもしれません。そうした意見が出ることを想定して意識していたのは証券アナリスト、なかでもリサーチ・アナリストという職種です。

　リサーチ・アナリストの仕事は、証券会社（セル・サイド）や機関投資家（バイ・サイド）に所属して、個別証券やその集合であるポートフォリオに関する調査と評価を行うことです。株式のアナリストを例にとれば、まず対象企業の経歴、その商品と市場、財務の状況（過去の分析と将来の予測を含む）を検討します。さらに業界動向や競争相手の企業、流通業者、対象企業の経営陣などへのインタビュー調査を行い、調査レポートを作成します。

　担当する企業は、所属する組織の規模やセル・サイドかバイ・サイドかによって違いますが、ある機関投資家では、一人のアナリストの担当業種は５～６業種、常時カバーしている企業は30～40社で、この他にスポットの調査がかなりあるそうです。調査活動は電話による取材のほかに、企業主催の説明会を含む企業訪問が平均して１日１社程度で、決算発表の時期には３社程度になるそうです。アナリストの商品である調査

第V章　マーケティング戦略の考え方

レポートは、週刊で出版を行っているため、業界動向＋銘柄情報1本は毎週作成し、その他にも、毎朝開催されるミーティング用に情報をまとめる作業があるとのことでした。

　地域金融機関の融資・営業担当者の担当軒数（個人も含む）は数百軒といったレベルかと思います。前述の例では、アナリストの担当企業数は30〜40社で、訪問企業数は1日1社程度と数こそ少なくなっています（セル・サイドのアナリストの場合、担当企業数はもっと多くなります）。しかし、調査レポートの作成などを含めて、日々変動するマーケットに関わるアナリストの仕事が、融資・営業担当者よりも忙しくないとは言えないと思います。

　融資・営業担当者が十分な企業分析を行うためには、営業体制の整備が必要だとは思いますが、理想的な状態が実現するまで漫然と待つわけにもいきません。企業分析能力を高めることは、担当者個人にとっても有効な戦略だと思います。本書はその戦略の実行手段としての技法を紹介しようと試みたものです。

〈参考文献等〉

〈書籍〉

相原修『ベーシック　マーケティング入門　新版』日経文庫（1999）
青山護・井出正介編著『証券アナリスト』東洋経済新報社（1990）
石井淳蔵・奥山昭博・加護野忠雄・野中郁次郎『経営戦略論　新版』有斐閣（1996）
伊丹敬之・加護野忠男『ゼミナール経営学入門』日本経済新聞社（1993）
市川伸一『考えることの科学』中公新書（1997）
上原征彦『経営戦略とマーケティングの新展開』誠文堂新光社（1986）
後正武『経営参謀の発想法』プレジデント社（1998）
奥村昭博『経営戦略』日経文庫（1994）
唐津一『販売の科学』PHP文庫（1993）
川村明正・緑川広・多賀俊彦『経営戦略診断の手法』誠文堂新光社（1984）
久田友彦『中小企業財務の見方超入門』BSIエデュケーション（1997）
小池和男『聞きとりの作法』東洋経済新報社（2000）
佐川幸三郎『新しいマーケティングの実際』プレジデント社（1992）
佐藤郁哉『フィールドワーク』新曜社（1992）
渋谷陽一『ロックミュージック進化論』新潮文庫（1990）
嶋口充輝『顧客満足型マーケティングの構図』有斐閣（1994）
嶋口充輝・石井淳蔵『現代マーケティング　新版』有斐閣（1995）
島崎哲彦編、島崎哲彦・大竹延幸著『社会調査の実際－統計調査の方法とデータの分析－』学文社（2000）
渉外スキルアップ研究会編『スキルアップ法人融資渉外』経済法令研究会（1998）
玉城芳治『マーケティング分析』同友館（1990）
出牛正芳『マーケティング管理論　増補版』白桃書房（1982）
中沢恵・池田和明『キャッシュフロー経営入門』日経文庫（1998）
西山茂『企業分析シナリオ』東洋経済新報社（2001）
日本証券アナリスト協会編『証券投資論　第3版』日本経済新聞社（1998）
日本証券アナリスト協会編、徳増供洪・阿部大輔・力丸洋著『証券アナリストのための企業分析　第2版』東洋経済新報社（1997）

日本マーケティング協会監修、池尾恭一編『マーケティング・レビュー』同文館（2001）
沼上幹『わかりやすいマーケティング戦略』有斐閣（2000）
野村賢二郎『流通経営戦略論』同友館（1996）
花岡幸子『キャッシュフロー計算書から読み解く経営分析』かんき出版（1999）
平澤英夫『新訂　財務諸表分析』日本経済評論社（1984）
松岡真宏『小売業の最適戦略』日本経済新聞社（1998）
松岡真宏『百貨店が復活する日　21世紀日本流通市場論』　日経BP社（2000）
松田修一『ビジネス・ゼミナール　会社の読み方入門』日本経済新聞社（1999）
松村劭『戦争学』文春新書（1998）
松村劭『名将たちの戦争学』文春新書（2001）
森脇彬『経営分析実務相談　新訂版』税務研究会出版局（1997）
安本隆晴『「ユニクロ」！監査役実録』ダイヤモンド社（1999）
山崎元『ファンドマネジメント』金融財政事情研究会（1995）
米田清紀『エリア・マーケティングの実際　新版』日経文庫（1999）
若松茂美『ガイダンス実践経営学』中公新書（1988）
和田充夫・恩蔵直人・三浦俊彦『マーケティング戦略』有斐閣（1996）
フィリップ・コトラー『マーケティング・マネジメント　第7版』（監修：村田昭治、訳：小坂恕・疋田聰・三村優美子）プレジデント社（1996）
フィリップ・コトラー『コトラーの戦略的マーケティング』（訳：木村達也）ダイヤモンド社（2000）
マイケル・E・ポーター『新訂　競争の戦略』（訳：土岐坤・中辻萬治・服部照夫）ダイヤモンド社（1995）
Kotler, Philip "*Marketing Management* ,The Millennium Edition" Prentice Hall International, Inc.（2000）

〈雑誌・論文〉
雨宮拓也『取引赤信号』リテールバンキング（1996／04〜1997／03）
小川智由『マーケティング研究の歴史』企業診断（1994／10）
中島久『マーケティング入門』リテールバンキング（1995／05〜10）
中島久『キャッシュフロー経営って何？』リテールバンキング（1999／04）
中島久『CRMとマーケティング・マインド』銀行実務（2001／07）
中島久『金融マンのための財務・マーケティング講座』銀行実務（2001／09〜）
野村賢二郎・北澤正一郎・柏原基・小林義幸・中島久『商店診断における情報活用の研究』中小企業事業団研究事業論文（1992）

MEMO

MEMO

〈著者略歴〉

中島　久（なかじま　ひさし）

　1954年横浜生まれ。中小企業診断士、(社)日本証券アナリスト協会検定会員。1977年明治大学法学部卒業。同年横浜信用金庫入庫。現在同金庫総合企画部在籍。論文として「商店診断における情報活用の研究」（共著、中小企業事業団）他雑誌論文多数。

融資審査と定性分析
新時代の融資審査ノウハウ「マーケティング分析」を平易に解説

平成14年4月8日　初版発行　　　　　　　　　　　〈検印省略〉
　1刷　平成14年4月8日
　6刷　平成20年7月30日

著　　者	中島　久	
発行者	土師　清次郎	
発行所	株式会社　銀行研修社	

東京都豊島区北大塚3丁目10番5号
電話　東京　03(3949)4101（代表）
http : //www.ginken.jp
振替　00120－4－8604番

印刷/神谷印刷株式会社　製本/山田製本　　ISBN 4-7657-4049-8 C2033
落丁・乱丁はおとりかえ致します。　2002 © 中島久　Printed in Japan
★　定価はカバーに表示してあります。

謹告　本書の全部または一部の複写、複製、転記載および磁気または光記録媒体への入力等は法律で禁じられています。これらの許諾については弊社・秘書室（TEL03-3949-4150直通）までご照会下さい。

銀行研修社の好評図書ご案内

図解 最新融資手法便覧
銀行研修社 編

A5判・168頁
定価1,700円（税込）
商品コード 1141613

金融機関が企業に提案できる最新融資・資金供給スキームを取り上げ、その概要・仕組みを図解とともに分かりやすく解説するとともに、このような各最新融資・資金供給スキームがどのような状況・ニーズに適合しているかをも解説した全金融機関行職員の必携書。

融資審査と定性分析
中島 久 著

A5判・256頁
定価1,890円（税込）
商品コード 1140498

変化の激しい時代こそ重要な融資審査手法として、決算書分析のみに頼らない定性分析が注目を集める今、そのベースとなるマーケティング分析手法について平易に解説。

融資審査プロの極意
小松康良 著

A5判・200頁
定価1,835円（税込）
商品コード 1138159

財務面から見た場合の実質倒産状態にある企業の判断基準を明確に示し、危い企業の財務データを見破るノウハウを公開した融資担当者の虎の巻。

第二版 融資説明義務Q&A
和田好史（弁護士）監修

A5判・200頁
定価1,900円（税込）
商品コード 1141567

金融庁の監督指針は、融資取引時の重要事項の説明態勢整備を義務付けています。本書は、「説明しなければならない事項」「説明時の留意事項」「個人情報取扱い」を局面別に詳しく説明した、融資取引にかかわる全金融機関行職員必読の書です。

融資業務超入門
久田友彦 著

A5判・276頁
定価2,000円（税込）
商品コード 1138418

「資金使途を聞くことが失礼でない理由」「なぜ担保に頼ってはいけないのか」等のOJTテーマを満載。融資に関する最も重要な点を最も平易にオリジナリティーあふれるレイアウトで解説した超入門書。

キーワードで学ぶ 企業分析
中島 久 著

A5判・212頁
定価1,800円（税込）
商品コード 1141508

リレーションシップバンキングや担保・保証に過度に依存しない融資のため重要な企業の実態分析を行う際の着眼点を、「キーワード」としてピックアップし解説した座右の一冊。

第三版 債権回収119のポイント
大平 正 著

A5判・336頁
定価2,652円（税込）
商品コード 1141303

一般に難解であると思われがちな債権回収の手続と法律問題を、最新の法改正に則り、119のポイントにまとめて分かりやすく解説した融資・渉外担当者向けの基本書。

リレーションシップバンキングのための ローンレビュー120のポイント
大平 正 監修

A5判・296頁
定価2,310円（税込）
商品コード 1141036

融資実行後も取引先と密接なリレーションシップを継続し、そこから感じ取ることのできるさまざまな状況変化に対してどのように対応すればよいかを、実務的な観点からまとめた営業店の融資担当者に最適の書。

中小・零細企業再生における リスケジューリングのすすめ方
日向皓太郎 著

A5判・176頁
定価1,680円（税込）
商品コード 1141028

「リスケジューリング」に対する理論的な考え方、各取引金融機関との調整等の実務、返済を正常化させるための融資先へのコンサルティングの着眼点について解説した、融資担当者必読の書。

▶最寄りの書店で品切れの節は、小社へ直接お申込み下さい。また、この場合商品コードをご記入下さい。